MULHERES NO DIREITO
TRIBUTÁRIO®

CASES NA PRÁTICA

Volume 1

Edição Poder de uma Mentoria

CB067761

MULHERES NO DIREITO TRIBUTÁRIO®

CASES NA PRÁTICA

Volume 7

Edição Poder de uma Mentoria

EDITORA LEADER

Copyright© 2024 by Editora Leader
Todos os direitos da primeira edição são reservados à Editora Leader.

CEO e Editora-chefe:	Andréia Roma
Revisão:	Editora Leader
Capa:	Editora Leader
Projeto gráfico e editoração:	Editora Leader
Suporte editorial:	Lais Assis
Livrarias e distribuidores:	Liliana Araújo
Artes e mídias:	Equipe Leader
Diretor financeiro:	Alessandro Roma

Dados Internacionais de Catalogação na Publicação (CIP)

M922   Mulheres no Direito Tributário: edição poder de uma mentoria, volume 1/
1. ed.   coordenadora Andréia Roma. – 1.ed. – São Paulo: Editora Leader, 2024. –
         (Série Mulheres/coordenadora Andréia Roma)

256 p.; 15,5 x 23 cm. – (Série mulheres/coordenadora Andréia Roma)

Várias autoras
ISBN: 978-85-5474-199-0

1. Carreira profissional – Desenvolvimento. 2. Direito Tributário – Brasil. 3. Mulheres no Direito. 4. Mulheres – História de vidas. I. Roma, Andréia. II. Série.

04-2024/14   CDD 340

Índices para catálogo sistemático:
1. Carreira profissional: Histórias de vidas: Mulheres no Direito   340

Bibliotecária responsável: Aline Graziele Benitez CRB-1/3129

2024
Editora Leader Ltda.
Rua João Aires, 149
Jardim Bandeirantes – São Paulo – SP
Contatos:
Tel.: (11) 95967-9456
contato@editoraleader.com.br | www.editoraleader.com.br

5 IGUALDADE DE GÊNERO

A Editora Leader, pioneira na busca pela igualdade de gênero, vem traçando suas diretrizes em atendimento à Agenda 2030 – plano de Ação Global proposto pela ONU (Organização das Nações Unidas) –, que é composta por 17 Objetivos de Desenvolvimento Sustentável (ODS) e 169 metas que incentivam a adoção de ações para erradicação da pobreza, proteção ambiental e promoção da vida digna no planeta, garantindo que as pessoas, em todos os lugares, possam desfrutar de paz e prosperidade.

A Série Mulheres, dirigida pela CEO da Editora Leader, Andréia Roma, tem como objetivo transformar histórias reais – de mulheres reais – em autobiografias inspiracionais, cases e aulas práticas. Os relatos das autoras, além de inspiradores, demonstram a possibilidade da participação plena e efetiva das mulheres no mercado. A ação está alinhada com o ODS 5, que trata da igualdade de gênero e empoderamento de todas as mulheres e meninas e sua comunicação fortalece a abertura de oportunidades para a liderança em todos os níveis de tomada de decisão na vida política, econômica e pública.

1 ERRADICAÇÃO DA POBREZA	2 FOME ZERO E AGRICULTURA SUSTENTÁVEL	3 SAÚDE E BEM-ESTAR	4 EDUCAÇÃO DE QUALIDADE	5 IGUALDADE DE GÊNERO	6 ÁGUA POTÁVEL E SANEAMENTO
7 ENERGIA LIMPA E ACESSÍVEL	8 TRABALHO DECENTE E CRESCIMENTO ECONÔMICO	9 INDÚSTRIA, INOVAÇÃO E INFRAESTRUTURA	10 REDUÇÃO DAS DESIGUALDADES	11 CIDADES E COMUNIDADES SUSTENTÁVEIS	12 CONSUMO E PRODUÇÃO RESPONSÁVEIS
13 AÇÃO CONTRA A MUDANÇA GLOBAL DO CLIMA	14 VIDA NA ÁGUA	15 VIDA TERRESTRE	16 PAZ, JUSTIÇA E INSTITUIÇÕES EFICAZES	17 PARCERIAS E MEIOS DE IMPLEMENTAÇÃO	OBJETIVOS DE DESENVOLVIMENTO SUSTENTÁVEL

CONHEÇA O SELO EDITORIAL SÉRIE MULHERES®

Somos referência no Brasil em iniciativas Femininas no Mundo Editorial

A Série Mulheres é um projeto registrado em mais de 170 países!
A Série Mulheres apresenta mulheres inspiradoras, que assumiram seu protagonismo para o mundo e reconheceram o poder das suas histórias, cases e metodologias criados ao longo de suas trajetórias. Toda mulher tem uma história!
Toda mulher um dia já foi uma menina. Toda menina já se inspirou em uma mulher. Mãe, professora, babá, dançarina, médica, jornalista, cantora, astronauta, aeromoça, atleta, engenheira. E de sonho em sonho sua trajetória foi sendo construída. Acertos e erros, desafios, dilemas, receios, estratégias, conquistas e celebrações.

O que é o Selo Editorial Série Mulheres®?
A Série Mulheres é um Selo criado pela Editora Leader e está registrada em mais de 170 países, com a missão de destacar publicações de mulheres de várias áreas, tanto em livros autorais como coletivos. O projeto nasceu dez anos atrás, no coração da editora Andréia Roma, e já se destaca com vários lançamentos. Em 2015 lançamos o livro "Mulheres Inspiradoras", e a seguir vieram outros, por exemplo: "Mulheres do Marketing", "Mulheres Antes e Depois dos 50",

seguidos por "Mulheres do RH", "Mulheres no Seguro", "Mulheres no Varejo", "Mulheres no Direito", "Mulheres nas Finanças", obras que têm como foco transformar histórias reais em autobiografias inspiracionais, cases e metodologias de mulheres que se diferenciam em sua área de atuação. Além de ter abrangência nacional e internacional, trata-se de um trabalho pioneiro e exclusivo no Brasil e no mundo. Todos os títulos lançados através desta Série são de propriedade intelectual da Editora Leader, ou seja, não há no Brasil nenhum livro com título igual aos que lançamos nesta coleção. Além dos títulos, registramos todo conceito do projeto, protegendo a ideia criada e apresentada no mercado.

A Série tem como idealizadora Andréia Roma, CEO da Editora Leader, que vem criando iniciativas importantes como esta ao longo dos anos, e como coordenadora Tania Moura. No ano de 2020 Tania aceitou o convite não só para coordenar o livro "Mulheres do RH", mas também a Série Mulheres, trazendo com ela sua expertise no mundo corporativo e seu olhar humano para as relações. Tania é especialista em Gente & Gestão, palestrante e conselheira em várias empresas. A Série Mulheres também conta com a especialista em Direito dra. Adriana Nascimento, coordenadora jurídica dos direitos autorais da Série Mulheres, além de apoiadores como Sandra Martinelli – presidente executiva da ABA e embaixadora da Série Mulheres, e também Renato Fiocchi – CEO do Grupo Gestão RH. Contamos ainda com o apoio de Claudia Cohn, Geovana Donella, Dani Verdugo, Cristina Reis, Isabel Azevedo, Elaine Póvoas, Jandaraci Araujo, Louise Freire, Vânia Íris, Milena Danielski, Susana Jabra.

Série Mulheres, um Selo que representará a marca mais importante, que é você, Mulher!

Você, mulher, agora tem um espaço só seu para registrar sua voz e levar isso ao mundo, inspirando e encorajando mais e mais mulheres.

Acesse o QRCode e preencha a Ficha da Editora Leader.
Este é o momento para você nos contar um pouco de sua história e área em que gostaria de publicar.

Qual o propósito do Selo Editorial Série Mulheres®?
É apresentar autobiografias, metodologias, *cases* e outros temas, de mulheres do mundo corporativo e outros segmentos, com o objetivo de inspirar outras mulheres e homens a buscarem a buscarem o sucesso em suas carreiras ou em suas áreas de atuação, além de mostrar como é possível atingir o equilíbrio entre a vida pessoal e profissional, registrando e marcando sua geração através do seu conhecimento em forma de livro.

A ideia geral é convidar mulheres de diversas áreas a assumirem o protagonismo de suas próprias histórias e levar isso ao mundo, inspirando e encorajando cada vez mais e mais mulheres a irem em busca de seus sonhos, porque todas são capazes de alcançá-los.

Programa Série Mulheres na tv
Um programa de mulher para mulher idealizado pela CEO da Editora Leader, Andréia Roma, que aborda diversos temas com inovação e qualidade, sendo estas as palavras-chave que norteiam os projetos da Editora Leader. Seguindo esse conceito, Andréia, apresentadora do Programa Série Mulheres, entrevista mulheres de várias áreas com foco na transformação e empreendedorismo feminino em diversos segmentos.

A TV Corporativa Gestão RH abraçou a ideia de ter em seus diversos quadros o Programa Série Mulheres. O CEO da Gestão RH, Renato Fiochi, acolheu o projeto com muito carinho.

A TV, que conta atualmente com 153 mil assinantes, é um canal de *streaming* com conteúdos diversos voltados à Gestão de Pessoas, Diversidade, Inclusão, Transformação Digital, Soluções, Universo RH, entre outros temas relacionados às organizações e a todo o mercado.

Além do programa gravado Série Mulheres na TV Corporativa Gestão RH, você ainda pode contar com um programa de *lives* com transmissão ao vivo da Série Mulheres, um espaço reservado todas as quintas-feiras a partir das 17 horas no canal do YouTube da Editora Leader, no qual você pode ver entrevistas ao vivo, com executivas de diversas áreas que participam dos livros da Série Mulheres.

Somos o único Selo Editorial registrado no Brasil e em mais de 170 países que premia mulheres por suas histórias e metodologias com certificado internacional e o troféu Série Mulheres – Por mais Mulheres na Literatura.

Assista ao lançamento do Livro Mulheres no Seguro:
Marque as pessoas ao seu redor com amor,
seja exemplo de compaixão.
Da vida nada se leva, mas deixamos uma marca.
Que marca você quer deixar? Pense nisso!
Série Mulheres – Toda mulher tem uma história!

Assista ao lançamento do
Livro Mulheres que Transformam:

Próximos Títulos da Série Mulheres

Conheça alguns dos livros que estamos preparando para lançar: • Mulheres no Previdenciário • Mulheres no Direito de Família • Mulheres no Transporte • Mulheres na Aviação • Mulheres na Política • Mulheres na Comunicação e muito mais.

Se você tem um projeto com mulheres, apresente para nós.

Qualquer obra com verossimilhança, reproduzida como no Selo Editorial Série Mulheres®, pode ser considerada plágio e sua retirada do mercado. Escolha para sua ideia uma Editora séria. Evite manchar sua reputação com projetos não registrados semelhantes ao que fazemos. A seriedade e ética nos elevam ao sucesso.

Alguns dos Títulos do Selo Editorial Série Mulheres já publicados pela Editora Leader:

Lembramos que todas as capas são criadas por artistas e designers.

- Mulheres na Tecnologia
- Sou empreendedora, e agora?
- Mulheres na Psicologia
- Mulheres na Energia
- Mulheres que Transformam
- Mulheres no Imobiliário
- Mulheres Compliance na Prática
- Mulheres no Conselho
- Mulheres no Direito

Volume 1
MULHERES DO MARKETING
Uma aula prática de renomadas líderes do marketing
EDIÇÃO PODER DE UMA MENTORIA
Coordenadora convidada
Tatyane Luncah
Coordenadoras da Série Mulheres
Andréia Roma
Tania Moura
Editora Leader

COORDENAÇÃO:
DANI VERDUGO, ANDRÉIA ROMA E TANIA MOURA
MULHERES ESG
MEDIR PARA MUDAR
VOLUME I
EDIÇÃO PODER DE UMA HISTÓRIA
Editora Leader

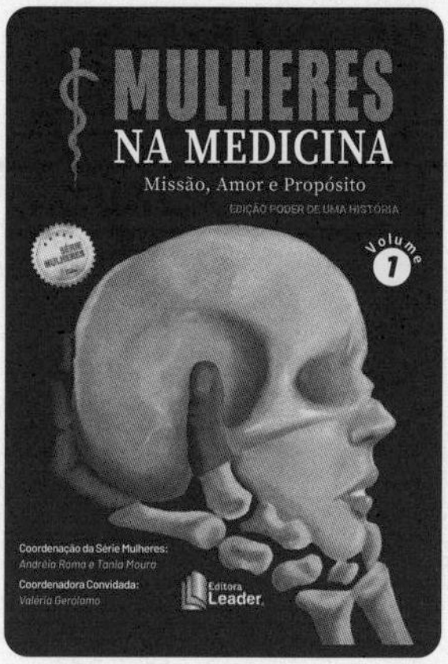
MULHERES
NA MEDICINA
Missão, Amor e Propósito
EDIÇÃO PODER DE UMA HISTÓRIA
Volume 1
Coordenação da Série Mulheres:
Andréia Roma e Tania Moura
Coordenadora Convidada:
Valéria Gerolamo
Editora Leader

AUTORA:
VANESSA GOULARTT
FRASES CURTAS
PARA DIAS
LONGOS
ESCREVER SUAS
Editora Leader

Mulheres,
um grito de socorro
Volume 1
Prefaciadoras
Lezara Carvalho
Rosmary Corrêa
Coordenadoras convidadas
Adriana Nascimento
Fabiana Alves
Coordenadoras da Série Mulheres
Andréia Roma
Tania Moura
Editora Leader

MULHERES
na PSICOLOGIA
Uma aula baseada na experiência de quem faz psicologia na prática.
Poder de uma Mentoria
Volume 1
Coordenadora
Andréia Roma
Editora Leader

Mulheres
NO AGRONEGÓCIO
O sucesso feminino no campo
EDIÇÃO PODER DE UMA HISTÓRIA
Volume 1
Prefaciadora
Teresa Vendramini
Coordenadoras convidadas
Bibiana Carneiro
Simone Cagliano
Coordenadoras da Série Mulheres
Andréia Roma
Tania Moura
Editora Leader

Coordenadoras convidadas
Cláudia Cohn
Cristina Reis
Prólogo
Ana Maria Malik
Prefácio
Dulce Pugliese
Coordenadoras da Série Mulheres
Andréia Roma
Tania Moura
EDIÇÃO PODER DE UMA HISTÓRIA
MULHERES
NA SAÚDE
HISTÓRIAS INSPIRADORAS
Volume 1

Coordenação:
Lilian Vieira, Andréia Roma e Tania Moura
MULHERES
no RH
VOLUME III
EDIÇÃO PODER DE UMA MENTORIA
UMA AULA PRÁTICA DA ALTA PERFORMANCE DO RH NA VISÃO DE RENOMADAS LÍDERES
Editora Leader

Coordenadora convidada:
Ana Cristina Freire de Lima
Luciana Loureiro
Coordenadoras Série Mulheres:
Andréia Roma
Tania Moura
MULHERES NA
MEDIAÇÃO®
Editora
Leader

MULHERES NA
CONSULTORIA®
Editora
Leader

Mulheres que
Transformam
Edição Poder de uma História • Volume II
Coordenação:
Andréia Roma,
Maria Antonietta Russo
Vera Lorenzo
Editora
Leader

Mulheres:
o que você deveria saber
aos 25 anos®
EDITORA
LEADER

MULHERES NA
TECNOLOGIA®
Volume II
Edição poder de uma história
Coordenadoras convidadas:
Elaine Póvoas
Mônica Mancini
Coordenadora da Série Mulheres:
Andréia Roma
EDITORA
LEADER

MULHERES NO CONSELHO®
EDIÇÃO PODER DE UMA HISTÓRIA
EDITORA
LEADER

Coordenadoras convidadas:
Catarina Rattes Lopes
Maira Ferraz Martella
Prefácio:
Luciana Asper y Valdés
Roberta Codignoto
Idealizadora e
coordenadora editorial:
Andréia Roma
MULHERES
COMPLIANCE
NA PRÁTICA®
Edição poder de uma história
Volume II
EDITORA
LEADER

O
silêncio
das
mulheres
e outros mais...
Silvia Lobo
Editora
Leader

Coordenadoras convidadas:
Annali Duarte Bittencourt
Stânia Moraes
Prefácio:
Ingrid Barth
Coordenadoras Série Mulheres
Andréia Roma
mulheres
nas finanças
cases na prática
Edição Poder de uma Mentoria
EDITORA
LEADER

MODA ALEGRE
HISTÓRIAS DE EMPREENDEDORISMO DE 20 MULHERES QUE COMEÇARAM DO ZERO

Coordenação:
Tainá Vidal, Sirley Carvalho e Andréia Roma

Liderança Feminina EM AÇÃO
A sensibilidade e a intuição no comando

Coordenação:
Andréia Roma & Mônica Fernandes

A CHAVE MESTRA
Dos Relacionamentos Saudáveis

GREICE POTRICK

MULHERES NUCLEARES
Volume I
EDIÇÃO PODER DE UMA HISTÓRIA

Coordenadoras convidadas:
Alice Cunha da Silva
Daniele de Azevedo Baeta

Idealizadora e coordenadora editorial:
Andreia Roma

MULHERES NA DOCÊNCIA
EDIÇÃO PODER DE UMA HISTÓRIA — VOLUME I

Coordenadora convidada:
Sibeli Borba
Coordenadora da Série Mulheres:
Andréia Roma

MULHERES na Educação
EDIÇÃO PODER DE UMA HISTÓRIA — VOLUME I

Coordenadora convidada:
Andréa Aydar

Prefácio:
Margarida Prado Genofre

Coordenadora da Série Mulheres:
Andréia Roma

MULHERES NA DEFESA
EDIÇÃO PODER DE UMA HISTÓRIA — VOLUME I

Coordenadora convidada:
Jocirena Nascimento das Chagas
Coordenadora da Série Mulheres:
Andréia Roma

MULHERES NO TERCEIRO SETOR
EDIÇÃO PODER DE UMA HISTÓRIA — VOLUME I

Coordenadoras convidadas:
Hylea Pedroso
Sandra Helena Pedrino

Prefácio:
Isabel Filardis

Prólogo:
Silvey Maria Lorain Narcocho

Idealizadora e Coordenadora do Selo Editorial Série Mulheres:
Andréia Roma

Mulheres na Indústria
Edição Poder de uma História — Volume I

Coordenadoras convidadas:
Cristiane Crucelli
Érica Navarro Gusta

Prefácio:
Fabio Oliveira

Idealizadora e Coordenadora do Selo Editorial Série Mulheres:
Andréia Roma

ANDRÉIA ROMA
ANA PAULA FRANÇA PEREIRA VESPERMANN
VOLUME 1
MULHERES
NO ESPÍRITO SANTO
LEADER

MULHERES NO DIREITO
PREVIDENCIÁRIO®
Cases na Prática
Volume 1
Edição Poder de uma Mentoria
LEADER

MULHERES NO DIREITO
EMPRESARIAL®
UMA AULA PRÁTICA DE RENOMADAS LÍDERES
Volume 1
Edição Poder de uma Mentoria
LEADER

EMPRE
ENDE
DORAS
DE ALTA
PERFOR
MANCE
Mulheres como você
contando suas estratégias
Tatyane Luncah
Andréia Roma
Vanessa Cotosck
Editora Leader

EMPREENDEDORAS
DE ALTA PERFORMANCE
DO PIAUÍ
Coordenação:
Andréia Roma
e Cacilda Silva
Prefácio: Margarete de Castro Coelho
(Vice-Governadora do Estado do Piauí)
Editora Leader

Coordenação
EMPREENDEDORAS
DE ALTA PERFORMANCE
RIO DE JANEIRO
Editora Leader

Coordenação:
Andréia Roma e Mônica Fernandes
EMPREENDEDORAS
DE ALTA PERFORMANCE
MATO GROSSO DO SUL
Editora Leader

Empreendedoras de Alta Performance de
GOIÁS
Coordenação: Andréia Roma,
Gerdane Brito, Glaucia Yoshida
e Ludimila Estulano
Editora Leader

Prefácio:
EMPREENDEDORAS
DE ALTA PERFORMANCE
MINAS GERAIS
Editora Leader

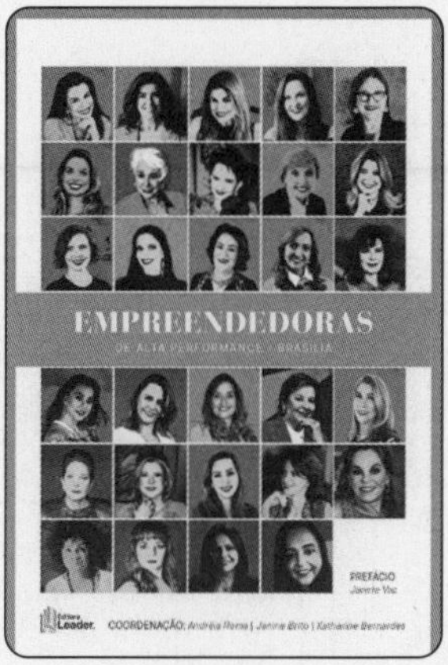
EMPREENDEDORAS
DE ALTA PERFORMANCE - BRASÍLIA
PREFÁCIO
Leader.
COORDENAÇÃO:

SOBRE A METODOLOGIA DA SÉRIE MULHERES®

A Série Mulheres trabalha com duas metodologias

"A primeira é a Série Mulheres – Poder de uma História: nesta metodologia orientamos mulheres a escreverem uma autobiografia inspiracional, valorizando suas histórias.

A segunda é a Série Mulheres Poder de uma Mentoria: com esta metodologia orientamos mulheres a produzirem uma aula prática sobre sua área e setor, destacando seu nicho e aprendizado.

Imagine se aos 20 anos de idade tivéssemos a oportunidade de ler livros como estes!

Como editora, meu propósito com a Série é apresentar autobiografias, metodologias, cases e outros temas, de mulheres do mundo corporativo e outros segmentos, com o objetivo de inspirar outras mulheres a buscarem ser suas melhores versões e realizarem seus sonhos, em suas áreas de atuação, além de mostrar como é possível atingir o equilíbrio entre a vida pessoal e profissional, registrando e marcando sua geração através do seu conhecimento em forma de livro. Serão imperdíveis os títulos publicados pela Série Mulheres!

Um Selo que representará a marca mais importante que é você, Mulher!"

Andréia Roma – CEO da Editora Leader

CÓDIGO DE ÉTICA DO SELO EDITORIAL
SÉRIE MULHERES®

Acesse o QRCode e confira

Nota da editora

É com grande entusiasmo que apresentamos o livro *"Mulheres no Direito Tributário – Volume 1"*, uma obra que representa não apenas um marco na trajetória da Editora Leader, mas também uma manifestação do poder transformador de uma mentoria.

Neste volume, as coautoras convidadas compartilham suas valiosas experiências e casos, oferecendo suporte e orientação tanto para os profissionais iniciantes quanto para aqueles que já trilham seus caminhos no campo do Direito Tributário. Cada capítulo é enriquecido pela sabedoria acumulada ao longo de suas carreiras, e traz reflexões e *insights* preciosos para inspirar e capacitar as próximas gerações de tributaristas.

Este livro é uma idealização da Editora Leader, como parte do Selo Editorial Série Mulheres®. Através de cada volume, nosso objetivo é homenagear as tributaristas de todo o Brasil, reconhecendo sua contribuição e destacando seu papel fundamental no campo do Direito Tributário. Sabemos que o número de mulheres neste segmento ainda é pequeno, e é com grande admiração e respeito que dedicamos este volume às mulheres que desafiam limites e conquistam espaço neste universo profissional.

Que este livro sirva como uma fonte de inspiração e guia para todos os profissionais que estão trilhando suas jornadas no Direito Tributário.

Um livro muda tudo!

Andréia Roma
CEO da Editora Leader
Idealizadora e coordenadora do selo Editorial Série Mulheres®

Introdução

O Direito Tributário, ao longo da história, tem desempenhado um papel fundamental na organização e funcionamento das sociedades, refletindo os valores e as dinâmicas socioeconômicas de cada época. Desde os tempos antigos, a tributação tem sido uma ferramenta essencial para financiar o funcionamento do Estado e garantir a prestação de serviços públicos à população.

Neste contexto, é impossível ignorar a contribuição das mulheres para o desenvolvimento e aprimoramento do Direito Tributário. Embora historicamente sub-representadas neste campo, as mulheres têm desafiado estereótipos e obstáculos para deixar sua marca e influência.

Este livro, "*Mulheres no Direito Tributário – Volume 1*", surge como uma homenagem às mulheres que, ao longo da história e até os dias atuais, têm contribuído para o avanço e aprimoramento do Direito Tributário. As coautoras convidadas compartilham suas experiências e *insights* neste livro, oferecendo não apenas conhecimento técnico, mas também inspiração e motivação para as próximas gerações de profissionais.

Que este livro seja um tributo às mulheres pioneiras e uma fonte de inspiração para todas as mulheres que estão trilhando seu caminho no campo do Direito Tributário.

Que o legado dessas mulheres seja lembrado e celebrado, e que suas contribuições continuem a inspirar e guiar futuras gerações de profissionais do Direito Tributário.

Sumário

Prática no *compliance* e planejamento tributário: Recuperação de crédito tributário através da revisão fiscal..................28
Amanda Santalucia

Da relevância do Direito Internacional na prática do Direito Tributário moderno..............42
Ana Cecília Pires Santoro

A ação anulatória de débito fiscal na gestão do passivo tributário..........................54
Ananda Figueiredo

O mandado de segurança como importante munição na luta pela Justiça Fiscal..............64
Andrea Bellentani Casseb

Auditoria de processos tributários na era digital e visual..................................76
Andressa Gomes

O insucesso do Direito Tributário......................................86
Fernanda Saback Gurgel

Cara ou coroa? As duas faces tributárias da mesma moeda......................................96
Jéssica Bertulucci Pigato

Gestão Tributária Integrada: Recuperação, *Compliance* e Planejamento Tributário......................106
Josiane Falco

A locação de espaço para publicidade em *outdoor* e a incidência do ICMS......................118
Juliana Aleluia de Souza

Implementando o planejamento tributário de uma fintech de meios de pagamento......................128
Juliana de Jesus Cunha

A Relevância do Direito Tributário nas Decisões de Investimentos......................................140
Juliana Dib Rigo Luzardo Aguiar

Desafios e Conquistas: O Caminho da Advocacia Tributária Feminina na Prática......................152
Katia Locoselli Gutierres

A tributação sobre os combustíveis: sistemática de recolhimento, inovação legal e o direito de restituição de um caso legal......................162
Laila Barros

Uma jornada na área de contencioso tributário e seus casos desafiadores. O que é possível aprender para me superar profissionalmente? 174
Lívia Balbino Fonseca Silva

Mandado de segurança e o processo administrativo fiscal 186
Luciana Figueiredo Pires

Terceiro setor – possíveis soluções tributárias 202
Maria Paula Farina Weidlich

A importância da regularidade fiscal: desafios e impactos na gestão tributária das empresas 214
Renata Souza

O poder de uma MENTORIA 226
Andréia Roma

Prática no *compliance* e planejamento tributário: Recuperação de crédito tributário através da revisão fiscal

LINKEDIN

Amanda Santalucia

Advogada e consultora pleno de Tributos da Focus Tributos, empresa especializada em consultoria para empresas de grande porte do setor varejista, de infraestrutura e industrial. Pós-graduada em Direito e Processo Tributário pela Escola Paulista de Direito, especialista em tributação indireta pela Associação Paulista de Estudos Tributários. Cursando Master in Business Administration em Gestão de Tributos pela Universidade de São Paulo (USP). Autora de artigos científicos e professora de curso preparatório para exame da Ordem dos Advogados do Brasil (OAB). Atua há quatro anos como advogada tributarista, tendo iniciado a jornada na área ainda estudante. Atualmente atua como consultora pleno em projetos de *compliance* e *due diligence* para grandes empresas do setor varejista, industrial e de infraestrutura.

1. Introdução

É certo que os tributos representam parcela expressiva dos custos empresariais, não só pelo valor da arrecadação em si, mas também pelos gastos indiretos que a tributação enseja, como a contratação de assessorias especializadas, auditorias externas, equipe interna adequada, etc. Todo este aparato em razão de um sistema complexo que vem enfrentando exacerbada insegurança jurídica diante de tempos de crise.

Se por um lado o Judiciário deve manter a melhor prática jurídica, por outro, existe a nítida movimentação para proteger os cofres públicos de perdas ainda mais significativas.

Segundo o Instituto Brasileiro de Planejamento Tributário (IBDT), 33% do faturamento empresarial é destinado ao pagamento de tributos. Se houver o recorte da tributação sobre o lucro, a empresa que opera no Brasil pode chegar a recolher 51,51% do lucro líquido apurado a título de Imposto de Renda (IR) e Contribuição Social Sobre Lucro Líquido (CSLL).

Neste contexto, o planejamento tributário surge como mecanismo adequado para garantir a economia nesta arrecadação de maneira lícita e tem como objetivo principal manter a empresa saudável para seguir cumprindo com seu fim social aliado a boas práticas tributárias e empresariais.

Cumprindo com o objetivo desta obra, traremos para análise a recuperação do crédito tributário do Imposto sobre Circulado de Mercadorias e Serviço (ICMS) no varejo através da revisão fiscal, com alteração do CFOP praticado na operação, bem como indicar as variadas formas de revisão fiscal.

Essa experiência que num primeiro momento parece bastante simples, escancara os percalços da longa jornada pela segurança jurídica que constantemente é a justificativa central da maior parte dos desafios da consultoria tributária. Nesse sentido, é indispensável que o profissional do ambiente tributário esteja em constante busca pela atualização e que, com frequência, tenha o hábito de se atentar mais aos debates ao seu redor, para além dos limites do Direito Tributário, e como o cenário jurídico está debatendo o assunto.

O bom consultor tributário é sobretudo um bom ouvinte e bom observador, aquele que consegue captar a essência da atividade do seu cliente, mas também a personalidade dele e as práticas dessa empresa. Estes dois últimos definirão os métodos a serem utilizados para atingir o resultado esperado e, com isso, determinar qual o resultado que efetivamente se almeja.

Então o primeiro passo para um bom projeto de consultoria tributária é o ativo humano, insubstituível e que só outro ser humano é capaz de conseguir projetar. A inteligência artificial e sistemas automatizados de gestão de tributos são bastante eficientes, mas não irão atingir os mesmos resultados que o atendimento humanizado, servindo-nos como mais uma ferramenta de trabalho, mas não uma substituição.

O estudo do Direito Tributário pode soar dificultoso, mas se engana aquele que acredita tratar-se de mero recolhimento e que esse assunto pode ficar restrito ao advogado da empresa. É certo que tecnologia se presentou ao mercado de maneira a mudar todos os setores, inclusive o jurídico-contábil, e, portanto, é fundamental que as consultorias passem a adotar algum programa que facilite a rotina da consultoria, em especial, porque o fisco (em todos os âmbitos) tem evoluído de maneira vertiginosa neste aspecto.

2. Atendimento e Análise de Necessidade

Superados os primeiros passos, o atendimento ao cliente adota caráter de protagonista; neste momento é necessário franqueza e não avançar sentido a promessas, como elucidado, a segurança jurídica dentro do Direito Tributário é instável, sendo certo que isto não implica não garantir ao cliente a solução do problema, mas se trata sim de limitação ética imposta.

Neste momento, pratique a escuta ativa e busque entender todos os aspectos negociais do seu cliente, assim é possível determinar qual é o aspecto que mais o deixa preocupado e o que é indispensável para a atividade. É nesse momento também que podemos avaliar os valores da empresa do cliente e isto é indispensável para traçar um plano de ação no planejamento, pois nos permite compreender quanto de risco nosso cliente está disposto a correr.

É de suma importância que haja a análise interdisciplinar, não apenas com as demais áreas do Direito, mas também com a visão administrativa e funcional da companhia. Neste sentido, o trabalho em conjunto com áreas técnicas da empresa é indispensável; é importante que o planejador busque contato com os setores técnicos da empresa, como engenheiros das variadas áreas e líderes do setor de logística, podendo avançar para visita às fábricas e centros de distribuição.

A diligência no planejamento começa antes mesmo de análises documentais e pode ser uma aliada interessante para o advogado que irá sustentar a tese de recuperação, pois, quanto mais seguro estiver do funcionamento da estrutura e da cadeia produtiva do cliente, mais certeiro o planejador será ao construir sua base argumentativa.

Iniciada então a análise documental, é importante que o planejador receba os documentos fiscais das operações com as quais será realizado o trabalho; para o caso em destaque, trata-se de pedido de restituição tributária de ICMS recolhido a maior em razão da reclassificação do CFOP, por esta razão as memórias de cálculo do recolhimento ocorrido é a principal fonte de informação.

Na planilha da memória de cálculo estarão as informações mais importantes da operação, como o número da nota fiscal e sua chave de acesso, código NCM, CFOP, período, etc. e, se houver mais de uma filial, a indicação do CNPJ da filial que será a requerente do pedido.

Dessa forma, iniciada a análise de revisão e identificada a oportunidade de recuperação, é necessário que os cálculos da operação sejam refeitos, haja vista que a mudança de CFOP ou NCM pode alterar a alíquota do ICMS, alterando o valor do recolhimento para mais ou para menos.

2.1. O que é CFOP e qual sua função

Para o setor tributário, é de suma importância que se saiba o que significa cada código exigido para a emissão da Nota Fiscal eletrônica (NF-e). Para compreensão do método adotado neste *case* de reclassificação tributária, adentremos ao conceito e função do CFOP.

O Código Fiscal de Operações e de Prestações das Entradas de Mercadorias e Bens e da Aquisição de Serviços, ou apenas CFOP, é um código do sistema tributário criado pela Secretaria de Fazenda (SEFAZ). É este código que determina quais recolhimentos serão aplicáveis e são estes que regulamentam a operação, estando de acordo com a legislação tributária vigente.

O código CFOP é formado por quatro dígitos e tem sequência lógica, sendo o primeiro número aquele que identifica a natureza de circulação das mercadorias e serviços de transporte intermunicipais, interestaduais e internacionais.

2.2. Refazendo o Cálculo

Uma vez compreendendo o conceito do código e sua função, para recalcular o valor do recolhimento basta identificar qual a alíquota que deveria ter sido utilizada com base no novo CFOP e subtrair o valor recolhido com o novo valor identificado.

Para fins de elucidação prática, considerando que o recolhimento do ICMS operação ocorreu sob o CFOP 5.102 (venda de mercadoria adquirida ou recebida de terceiros) com destaque indevido do ICMS, quando, em verdade, deveriam ter sido realizadas sob o CFOP 5.405 (venda de mercadoria, recebida de terceiros, sujeita ao regime de substituição tributária, na condição de contribuinte-substituído), sem destaque do ICMS.

O CFOP 5.405 é usado toda vez que um produto ou serviço vendido ou adquirido por um terceiro que está sujeito ao regime de substituição tributária. Desta forma, a operação é isenta de cobrança de ICMS (Imposto sobre Circulação de Mercadorias e Serviços) por já ter sido recolhido pelo contribuinte substituído na fase anterior da operação

Assim, as fases subsequentes da operação sofrem o abatimento do valor que já foi recolhido e destacado na nota fiscal, total ou parcialmente, evitando o efeito cascata da tributação, respeitado o sistema de não-cumulatividade que recai sobre o varejo.

Dessa forma, havendo inclusão do código 5405 na nota fiscal evita-se a dupla cobrança do ICMS. Assim, o planejador poderá recalcular o valor que de fato deveria ter sido recolhido e subtrair este valor do valor que já foi recolhido, chegando ao valor a restituir.

3. Impacto da revisão fiscal

O benefício financeiro da revisão fiscal é incalculável, pois se estende por todo o período revisado, podendo retroagir aos últimos 05 (cinco) anos de recolhimentos anteriores por força do artigo 168 do Código Tributário Nacional.

No caso aludido neste artigo, sobre apenas as operações ocorridas em 2020 no estado do Ceará, foi possível chegar ao valor de R$ 58.089,79 (cinquenta e oito mil, oitenta e nove reais, setenta e nove centavos) em recuperação.

Quando somados todos os períodos passíveis de restituição em todos os estados em que a empresa varejista atuava, foi possível identificar a soma de mais de três milhões de reais em créditos tributários passíveis de restituição.

É claro que a expressividade da cifra é sempre compatível ao porte da empresa, mas é indiscutível que os projetos de revisão fiscal são indispensáveis para verificar se o contribuinte não está desperdiçando dinheiro através de recolhimentos equivocados.

4. Do processo de pedido de restituição tributária

Em hipótese de erro na indicação do código CFOP, não há meios de corrigir, haja vista que não é possível apresentar Carta Correção (CC-e) da Nota Fiscal, por se tratar de alteração que envolve destaque de impostos ou quaisquer outros dados que alterem o cálculo ou a operação do imposto.

Isto posto, o procedimento adequado é o pedido de restituição tributária protocolado diretamente à Secretaria de Fazenda Estadual competente pelo contribuinte que prove haver assumido o referido encargo, ou, no caso de tê-lo transferido a terceiro, esteja por este expressamente autorizado a recebê-lo.

É importante que além das razões de Direito, o pedido esteja munido de documentos comprobatórios como, por exemplo, as notas fiscais, guias e comprovantes de pagamento, memórias de cálculo com o demonstrativo dos valores pagos e o cálculo corrigido, bem como a diferença entre os valores que demonstra o quanto é devido em restituição, sem e esquecer dos documentos de representação outorgando poderes ao tributarista nas hipóteses em que o contribuinte não esteja atuando em causa própria.

É importante buscar no Regulamento do ICMS de cada estado competente qual o cabimento do pedido de restituição e os aspectos para conhecimento da ação, além de demonstrar – conforme destacado no parágrafo anterior – que o requerente não repassou os valores no preço final do produto.

No varejo, esta demonstração de não haver repasses ao consumidor final é mais fácil de demonstrar quando se tratar de empresas que operam no país todo, porque é possível comprovar ao fisco que o preço final foi mantido o mesmo.

Para o protocolo, cada fazenda irá adotar seu procedimento, enquanto o estado de São Paulo adota o Sistema de Peticionamento Eletrônico (SIPET), outras fazendas aceitam protocolo por e-mail, e em outras o pedido se dará através de *chat* de atendimento. O importante é ter muito claro para qual fazenda o recolhimento ocorreu e buscar no portal da secretaria competente as informações necessárias para protocolo.

O pedido da restituição pleiteada se dá mediante escrituração em conta gráfica, diretamente no subitem "Outros créditos", do quadro "Crédito do Imposto" do livro Registro de Apuração do ICMS.

Com o processo protocolado, é necessário fazer seu acompanhamento e, uma vez proferida a decisão, é importante estar atento aos prazos para eventuais recursos. Todas as definições dos recursos se encontrarão nas legislações que versam sobre processo administrativo fiscal do estado de competência e não havendo sucesso através da via administrativa é possível recorrer à via judicial.

5. A importância da revisão fiscal

Diante da complexidade do sistema tributário brasileiro e das constantes mudanças, a gestão dos tributos é uma atividade que, além de complexa, é indispensável na rotina do gerenciamento de uma empresa.

Segundo o levantamento do Instituto Brasileiro de Planejamento e Tributação (IBPT)[1], só em matéria tributária foram editadas 492.521 normas no Brasil desde 5 de outubro de 1988, até o último dia 30 de setembro de 2023. Isso significa mais de 2,31 novas regras tributárias por hora em dia útil.

A pesquisa ainda indicou que, em média, cada norma tributária editada tem 11,27 artigos; cada artigo tem 2,33 parágrafos, 7,45 incisos e 0,98 diretivas. Assim, foram editados no período 5.531.011 artigos, 12.887 parágrafos, 41.206.031 incisos e 5.420.391 cláusulas.

Portanto, a prática da revisão fiscal consistirá em uma espécie de auditoria sobre o comportamento fiscal de uma determinada empresa. Este tipo de projeto deve considerar todos os elementos utilizados para o cálculo e pagamento dos tributos e o objetivo central é encontrar as falhas destes recolhimentos, entendendo por certo qual a solução mais adequada, observando os aspectos mencionados neste artigo.

Desta forma, valer-se dos métodos de revisão fiscal gera impacto não apenas no caixa de uma empresa, mas também concorrencial, pois empresas com vida fiscal saudável tendem a ter melhor desenvolvimento no mercado.

Assim, ao realizar estudos aprofundados tanto da legislação quanto da dinâmica da empresa, é possível garantir créditos fiscais que serão revertidos em uma significativa fonte de economia de recursos, mas, sobretudo, em incremento dos lucros.

---

[1] Instituto Brasileiro de Planejamento e Tributação (IBPT) – "QUANTIDADE DE NORMAS EDITADAS NO BRASIL: 35 ANOS DA CONSTITUIÇÃO FEDERAL DE 1988" - 2023 – https://drive.google.com/file/d/1fnLezQNv4ggittZK8UPra3fMfq0WJtQo/view

6. Mulheres tributaristas: a presença feminina em cargos de liderança

Apesar de o número de executivas em cargos de liderança no setor da consultoria tributária ter aumentado consideravelmente nos últimos anos, é certo que a disparidade de gênero dentro do mercado de trabalho é um problema a ser solucionado.

Iniciativas de diversidade de gênero, como a adesão à plataforma de Princípios de Empoderamento das Mulheres da ONU, são ferramentas que é possível utilizar para a mitigação da desigualdade de gênero.

A pesquisa "Mulheres na Liderança da RFB: as Fotografias na Transição de Governos 2022-2023"[2], contratado pelas diretorias de Estudos Técnicos e de Defesa Profissional a pesquisadores da Universidade de Brasília (UnB), demonstrou que dentro da Receita Federal auditoras fiscais representam 24% do total de auditores, mas ocupam apenas 19% dos cargos de chefia e gestão.

Atualmente, 19,7% dos cargos em conselhos de administração do mundo são ocupados por mulheres, enquanto no Brasil esse índice é menor. Hoje, no Brasil, os conselhos de administração contam com apenas 10,4%, de acordo a pesquisa "Women in the boardroom"[3].

Restritas, em sua maioria, aos setores operacionais e não avançando sentido a cargos de liderança proporcionalmente, as mulheres têm inovado e ocupado os espaços de forma dinâmica e alternativa através de redes de *network* e grupos de pesquisa como o Women in Tax, Women of IFA Network (WIN Brasil) e o núcleo feminino da ABDF ligado ao International Fiscal Association (IFA).

---

[2] SindiFisco. As Mulheres na Liderança da RFB: as Fotografias na Transição de Governos 2022-2023. 2023. Disponível em: https://www.sindifisconacional.org.br/wp-content/uploads/2023/03/Informe-Tecnico-Genero-RFB-07032023.pdf

[3] Deloitte. Mulheres no Conselho. 2023. Disponível em: https://www2.deloitte.com/br/pt/pages/risk/articles/mulheres-no-conselho.html

Mulheres tributaristas também foram centrais nos recentes debates acerca da reforma tributária, seja pelo papel das que ocuparam cargos de liderança durante o projeto, como o caso da atual titular da Procuradoria-Geral da Fazenda Nacional, Anelize Lenzi de Almeida, ou pelo nome de fortes profissionais envolvidas no processo de reforma.

A representatividade feminina nos espaços de poder é sensível ao debate tributário, haja vista que a reforma tributária escancarou um fato já há muito conhecido: a disparidade de gênero dentro da tributação.

Além dos avanços sociais e o fortalecimento da cultura da empresa, a McKinsey & Company[4] demonstrou que empresas que apostam na diversidade de gênero entre seus funcionários têm 15% mais chances de gerar ganhos acima da média do que aquelas que não reconhecem esse quesito.

A efetiva inclusão do assunto em momentos importantes do debate se deu, sobretudo, pelo avanço das pautas feministas, mas também pela inclusão de mulheres cuja base analítica é a perspectiva de gênero, demonstrando a real necessidade da diversidade dentro de todos os espaços.

7. A mulher e a tributação

A desigualdade social e de renda se manifestam em praticamente todos os países, atingindo 70% da população do planeta, segundo dados disponíveis pela Oxfam Internacional[5] no Relatório Tempo de Cuidar.

---

[4] HUNT, Dame Vivian Hunt, et al. A diversidade como alavanca de performance, McKinsey, jan. 2028. Disponível em: <https://www.mckinsey.com/capabilities/people-and-organizational-performance/our-nsights/delivering-through-diversity/pt-BR>
[5] LAWSON, Max et al. Tempo de cuidar – o trabalho de cuidado não remunerado e mal pago e a crise global da desigualdade. Oxafam Internacional, jan. 2020. Disponível em: https://www.oxfam.org.br/justica-social-e-economica/forum>

Sob o recorte de gênero entre homens e mulheres, conclui-se que os homens são detentores de 50% a mais de riqueza do que as mulheres, o que reforça a ideia de que a mulher é maioria nos grupos de baixa renda.

Uma das explicações de tal fenômeno é o fato de que as mulheres são responsáveis pela realização dos afazeres domésticos e cuidados com familiares. Desta forma, as mulheres são responsáveis por 75% de todo o trabalho de cuidado não remunerado ao redor do mundo, que agrega em torno de U$ 10,8 trilhões à economia mundial por ano.

Desse modo, não é surpreendente que 42% das mulheres em idade ativa estejam fora do mercado de trabalho, enquanto apenas 6% dos homens se encontram nesta situação.

Portanto, o relatório demonstra a relação entre a responsabilidade das mulheres quanto às atividades não remuneradas e o fator de desemprego.

O relatório apresenta, como uma das sugestões possíveis de redução de tal quadro de desigualdade, a necessidade de tributação dos excedentes, como contrapartida para que seja viável a implementação de políticas públicas que envolvam a redistribuição de renda, e redução da carga sobre consumo e sua cadeia – em especial sobre itens de primeira necessidade.

Dessa forma, é certo que o princípio da isonomia tributária permite analisar o caso de vulnerabilidades sociais, impulsionando ações afirmativas e políticas públicas de redução da carga tributária para a mitigação dos efeitos da desigualdade de gênero através da tributação.

8. Conclusão

O aludido artigo esclareceu como os projetos de *compliance* e planejamento tributário bem estruturado podem ser os melhores aliados das empresas brasileiras, se valendo de dados extraídos da experiência profissional em casos de revisão fiscal sobre empresa de grande porte do setor varejista.

Assim, é possível extrair da presente pesquisa não apenas os aspectos técnicos do Direito a que se aplica a análise tributária, mas também a orientação prática, servindo de guia para o novo profissional desde o primeiro atendimento até a distribuição do pedido de restituição.

O novo profissional não apenas deve estar preparado tecnicamente para o assunto, mas precisa estar munido de conhecimentos gerais e olhar clínico para a realidade que o cerca. Desta forma, é possível que se assegure que o primeiro atendimento ao cliente será eficiente e dotará da compreensão das informações subentendidas.

Não obstante, este artigo projeta votos para o futuro diverso e inclusivo dentro do tributário, coadunando a oportunidade de avançar os estudos práticos com o viés de gênero no mercado de trabalho, indicando ao público-alvo desta obra que o pensar tributário é multifatorial e interdisciplinar.

Da relevância do Direito Internacional na prática do Direito Tributário moderno

LINKEDIN

Ana Cecília Pires Santoro

Advogada especialista em Direito Tributário e Aduaneiro, com atuação direta junto às altas posições gerenciais de empresas multinacionais de médio e grande porte, assessorando decisões executivas e estratégicas, em operações nacionais e internacionais.

Atuação sólida junto a empresas de diversos segmentos e em todo o território nacional, dentre os quais destacam-se: alimentício, químico, farmacêutico, energia, petróleo, construção civil, produtos e serviços médicos, embalagens, tecnologia, transportes, trades e logística.

Formada em Ciências Jurídicas e Sociais pela PUC-Campinas. Especialista em Direito Tributário pela PUC-São Paulo. Especialista em Direito Constitucional pela PUC-Campinas. Aluna Especial no Curso de Mestrado em Relações Internacionais pela "San Tiago Dantas" – UNESP/PUCSP/UNICAMP. Especialista em European Union Law pelo King's College London, Londres.

Para Magda e Luiz, ele in memoriam

Ao ser convidada para este projeto de mentoria em Direito Tributário para mulheres, tive que a melhor forma de participar seria trazendo experiências de carreira que podem aproveitar às colegas, bem como conteúdo técnico-jurídico útil, relevante e atual. Por isso, caras leitoras, inicialmente divido com vocês algumas convicções profissionais que fizeram diferença na construção de minha carreira, bem como um pouco de novas oportunidades que se vêm apresentando ao tributarista brasileiro.

Primeiramente, tive para mim que carreiras não se iniciam na colação de grau, mas sim na faculdade. Ao assumir essa postura, meu foco durante o curso de Direito foi mais maduro e centrado, o que me proporcionou decidir com maior antecedência com qual área de atuação eu mais me identificaria e em como me projetaria no futuro.

Foi dessa postura que me identifiquei com o Direito Tributário por diversos motivos, dentre eles, destaco meu fascínio pelo fato de que tributos são capazes de movimentar, modificar e transformar toda a economia e a saúde financeira de um país. Essa grandiosidade do Direito Tributário foi o que primeiro me atraiu para esta tão intrincada e quase labiríntica área do Direito.

Dessa identificação com a área veio minha segunda convicção para a construção de uma carreira sólida, que é a máxima: insubstituível ninguém é, mas alguns são mais difíceis de serem substituídos do que outros. A pergunta que se imporia era: "qual desses profissionais eu queria ser?"

Veio-me então a terceira convicção: destacar-me sendo diferenciada em algo em que poucos o conseguem ser e, assim, foquei em agregar o máximo de valor possível ao que faço, com muito estudo e angariando o máximo de conhecimentos e experiências afins possíveis.

Em minha visão, esta conduta é importante de ser destacada no âmbito deste projeto voltado a mulheres no mercado de trabalho, em especial se considerarmos que nós, até recentemente (1932), sequer tínhamos direito a voto! E, em menos de cem anos, chegamos a posições cujas decisões movimentam milhões em valores! Para usar uma tradução livre de uma expressão do inglês, lutamos para "subir a escada corporativa" e não se tem sucesso nessa empreitada fazendo apenas o básico, curvando-se ao *status quo* ou repetindo velhos padrões arcaicos. Já disse Georges Jacques Danton – advogado francês admirado pela eloquência e principal líder da Revolução Francesa (1789): "*De l'audace, encore de l'audace, toujours de l'audace!*" – em tradução livre, "Audácia, mais audácia, sempre audácia!".

Recuso-me a romantizar esta jornada histórica pois, sim – e doa a quem doer –, a advocacia ainda está longe de ser um ambiente efetivamente igualitário em gênero. Não raramente, temos que escolher batalhas e muitas dessas escolhas sequer são feitas pensando na guerra, mas sim – e isso é triste – na sã sobrevivência. Mas, conforme já eternizado na voz de Elis Regina, "o novo sempre vem"... E como é gratificante fazer parte da mola propulsora desse novo!

Nesta jornada, digo: não se iludam e se valorizem! Isso

porque ninguém precisa ser Joana D'Arc (1412-1431) ou Simone de Beauvoir (1908-1986) para fazer diferença. Valendo dizer que não precisamos nos matar nessa jornada tanto quanto fazer diferença não demanda inteligência superior. Novas mentalidades e novos rumos históricos são desbravados dia a dia, por lutas pontuais, às vezes pequenas, mas que são constantes, numerosas, que inspiram e contagiam. Bastam coragem, resiliência e nunca duvidar que resultado ainda é o melhor argumento. E mulheres trazem muito resultado. Isso é fato.

Devemos focar nas nossas características e qualidades intrínsecas como diferenciais para alavancar nossa representação nas carreiras jurídicas, tais como nossa versatilidade, atenção aos detalhes, sensibilidade às nuances do raciocínio dialético, criatividade aflorada e, sobretudo, nossa resiliência. Apenas desejo que você, leitora, se questione: quais são os seus pontos fortes e como transformá-los em diferenciais de valor?

Por derradeiro, adiciono ainda que é fundamental em nossa área a atenção às evoluções do Direito Tributário como ramo vivo do Direito. Por isso, trago nesta mentoria colaborativa um pouco da crescente demanda por conhecimentos consistentes em Direito Internacional na advocacia tributária no Brasil, tendência esta que julgo ser ótimo nicho de atuação e, por ora, ainda escasso em profissionais.

A prática tributária nos tempos atuais

Desde os anos 2000, vejo que cresceu muito a demanda por serviços jurídico-tributários – sejam de consultoria, planejamento ou contencioso – relacionados à expansão das empresas brasileiras no mercado internacional que vão além da simples exportação de produtos e serviços.

As fronteiras estão cada vez mais efêmeras em vários setores, a exemplo do que ocorre com tecnologias digitais. E, se antes somente as grandes empresas tinham capacidade de colocar seu produto no mercado internacional, hoje, é visivelmente crescente o número de pequenos negócios buscando mercados estrangeiros e – o que é melhor – tendo sucesso com isso.

A pandemia de COVID-2019 acelerou exponencialmente essa tendência na medida em que os meios e as facilidades em comércio remoto evoluíram bastante e na mesma proporção em que as pessoas normalizaram a experiência do comércio virtual.

Fato é: o advogado tributarista tem sido cada vez mais demandado em conhecimentos sólidos em matéria de Direito Internacional (público e privado), ao passo que muitos têm sido preteridos por não possuírem essa capacidade.

Nessa perspectiva, proponho-me a compartilhar o conhecimento mais singelo e inicial para tal prática, que é a hermenêutica relacionada aos tratados internacionais, em especial quanto à sua posição hierárquica dentro do ordenamento brasileiro.

Um sólido conhecimento dessas matérias permitirá trabalhar diversas discussões e assuntos importantes, dentre os quais, adiante, vocês poderão verificar alguns em destaque recente, após breve embasamento teórico sobre Tratados Internacionais.

Tratados internacionais: assinatura e ratificação

Os acordos internacionais são assinados exclusivamente pelo Presidente da República, eis ser sua competência exclusiva, conforme Constituição Federal de 1988[1]. Em nosso sistema de governo, o Chefe do Executivo cumula as funções de Chefe de Governo e de Chefe de Estado, e, ao assinar a celebração do tratado internacional, o Presidente da República o faz como Chefe de Estado. Ao revés, ao assinar a ratificação pelo Congresso

---

[1] Art. 84. Compete privativamente ao Presidente da República:
VIII - celebrar tratados, convenções e atos internacionais, sujeitos a referendo do Congresso Nacional;

Nacional desse mesmo tratado, ele o faz como Chefe de Governo[2]. São funções constitucionais distintas que não podem ser confundidas.

No contexto internacional em que surgem os tratados, a principal condicionante é a relação de coordenação e não de subordinação entre os entes. Trata-se de consequência precisa da soberania dos entes políticos de Direito Internacional Público. Vige, assim, o princípio da igualdade formal entre os Estados, como corolário da doutrina clássica do contrato social.

Tratado é o ato jurídico que concretiza o acordo de vontades entre Estados e dele surge a norma que desencadeia efeitos de direito, gera obrigações e prerrogativas. E porque sua assinatura se dá sob a presunção da igualdade formal entre os Estados, funda a obrigatoriedade da aplicação da norma internacional mediante os princípios do *pacta sunt servanda* e da boa-fé. Deste conceito, fundamental é a determinação da posição hierárquica das normas oriundas dos tratados dentro do ordenamento pátrio.

A posição hierárquica dos tratados no ordenamento brasileiro

Não há unanimidade doutrinária neste assunto, mas, no meu entender, julgo que o melhor caminho conceitual é o entendimento de que a posição dos tratados varia no ordenamento dependendo da matéria jurídica regulada na norma tratada.

Ocorre que, como desenvolvemos nosso estudo jurídico

---

[2] MORAES, Alexandre de. Direito Constitucional. 7 ed. São Paulo: Atlas, 2001. 45p: O decreto legislativo, portanto, contém aprovação do Congresso Nacional ao tratado e simultaneamente a autorização para que o Presidente da República o ratifique em nome da República Federativa do Brasil (...) a edição do decreto legislativo, aprovando o tratado, não contém uma ordem de execução do tratado no Território Nacional, uma vez que somente ao Presidente da República cabe decidir sobre sua ratificação. Com a promulgação do tratado através de decreto do Chefe do Executivo recebe esse ato normativo a ordem de execução, passando a ser aplicado de forma geral e obrigatória.

dentro da sistemática de uma carta constitucional muito extensa, que abarca normas de natureza teleológica efetivamente constitucional e não constitucional, nós, como profissionais do Direito, tendemos a entender uma norma por constitucional exclusivamente por estar no Texto Constitucional.

Entretanto, a Constituição Federal de 1988 foi fruto de uma transição de governo ditatorial com suspensão de direitos e garantias, para a instituição de um novo Estado Democrático de Direito. O contexto histórico demandou uma proteção constitucional positivada extensa e pesada.

No entanto, que não esqueçamos de que existe norma constitucional formal e norma constitucional material, sendo esta as garantias e direitos fundamentais do Estado e seus cidadãos. As garantias à vida e às liberdades e seus desdobramentos são as normas constitucionais materiais por excelência. Assim, o direito à saúde é desdobramento lógico da garantia à vida. O princípio segundo o qual não há crime nem pena sem lei prévia que o defina é corolário do direito de ir e vir. A proteção à propriedade privada advém da liberdade de trabalhar (garantia ao trabalho) e produzir (garantia à livre iniciativa). As limitações ao poder de tributar, por sua vez, são desdobramentos materiais da proteção à propriedade privada e à livre iniciativa.

Em sua Teoria Pura do Direito[3], Hans Kelsen assim distingue a Constituição material da formal: "Da Constituição em sentido material deve distinguir-se a Constituição em sentido formal, isto é, um documento designado como 'Constituição' que – como Constituição escrita – não só contém normas que regulam a produção de normas gerais, isto é, a legislação, mas também normas que se referem a outros assuntos politicamente importantes e, além disso, preceitos por força dos quais as normas contidas neste documento, a lei constitucional, não podem ser revogadas ou alteradas pela mesma forma que as leis simples, mas somente através de processo especial submetido

---

[3] KELSEN, Hans. Teoria Pura do Direito. 6 ed. São Paulo: Martins Fontes, 1998. 155 p.

a requisitos mais severos. Estas determinações representam a forma da Constituição que, como forma, pode assumir qualquer conteúdo e que, em primeira linha, serve para a estabilização das normas que aqui são designadas como Constituição material e que são o fundamento de Direito positivo de qualquer ordem jurídica estatal[4]".

Nossa Constituição Federal, ao instituir as garantias e os direitos fundamentais, assim determinou sobre os tratados internacionais:

> Art. 5º Todos são iguais perante a lei, sem distinção de qualquer natureza, garantindo-se aos brasileiros e aos estrangeiros residentes no País a inviolabilidade do direito à vida, à liberdade, à igualdade, à segurança e à propriedade, nos termos seguintes: [...]
> § 2º Os direitos e garantias expressos nesta Constituição não excluem outros decorrentes do regime e dos princípios por ela adotados, ou dos tratados internacionais em que a República Federativa do Brasil seja parte.

Vê-se que nossa Magna Carta admite a introdução de direitos e garantias por meio da ratificação de tratados internacionais, *i.e.*, a depender da natureza do direito foco do tratado, ele poderá ingressar em qualidade constitucional sem alterar o texto positivado. Em modelo mais conservador que sobrepõe a forma sobre a matéria, há os que defendem que, uma vez que o texto constitucional só pode ser alterado mediante emenda constitucional, o tratado internacional seria então equiparável à lei complementar em sede de direitos e garantias fundamentais. A fragilidade desta corrente se assenta no fato de que o veículo normativo "lei complementar" tem a função precípua de dar os preceitos gerais para a executoriedade das garantias constitucionais, mas não as institui. Diferenças à parte, ambas as correntes convergem ao entendimento de que nosso ordenamento aceita a introdução de norma material constitucional pela via da ratificação de tratados internacionais.

---

[4] Na tradução original utilizaram a palavra "estadual". Fitando desambiguação, preferi o termo "estatal" para não confundir esfera administrativa (estadual) com a qualidade advinda do Estado como poder soberano (estatal).

Em matéria tributária, o tratado também poderá ter função de norma de estrutura, conforme artigo 98 do Código Tributário Nacional (Lei n.º 5.172/1966):

> *Art. 98. Os tratados e as convenções internacionais revogam ou modificam a legislação tributária interna, e serão observados pela que lhes sobrevenha.*

Nosso CTN garante a eficácia infraconstitucional dos compromissos internacionalmente assumidos, devendo ser respeitados pelo legislador. Deveras, uma vez incorporado ao ordenamento, o tratado revogará a legislação tributária interna, entretanto, a norma tributária de produção interna e posterior não terá força para modificar normas internacionais sobre a matéria de *per se*.

Existem correntes outras norteadas por entendimentos diversos, no entanto, o objetivo aqui é apresentar a doutrina que julgo jurídica e conceitualmente mais alinhada e embasada.

Na sequência, verás que, com o domínio da hermenêutica que envolve os tratados internacionais, poderás na prática tributária trabalhar assuntos e problemáticas que estão sendo gradualmente mais demandados. Apresento a seguir alguns pontos que não só já são oportunidades de atuação, mas, principalmente, tudo indica que se tratarão de temáticas cada vez mais recorrentes na advocacia.

Impactos tributários do processo de ingresso do Brasil à OCDE

A Organização para a Cooperação e Desenvolvimento Econômico (OCDE) é um órgão de direito internacional que visa ao desenvolvimento econômico e à busca do bem-estar social por meio da cooperação entre seus 38 estados-membros, fundada em 1961, com sede em Paris (França). Por ser composta pelos países de maior desenvolvimento econômico, foi apelidada de "Clube dos Ricos". A OCDE funda-se em diversos objetivos dentre os quais destaco o firme intento de promover a facilitação do comércio internacional livre, imune a políticas protecionistas, desburocratizado e minimamente tributado[5].

Em janeiro de 2022, o Brasil fez pedido formal para ingressar à OCDE e, para tanto, deverá cumprir e se adaptar ao "Mapa de Acesso" definido pela Organização em 10/06/2022[6]. Trata-se de conjunto de diretrizes que fitam a eliminação da dupla tributação internacional, o combate à evasão fiscal internacional e a mitigação de paraísos fiscais, seja referente a tributos sobre renda, valor agregado, ou serviços.

Vejam que em bitributação a preocupação é dupla: ocorre tanto em desonerar a carga tributária internacional para que mercados internos e externos compitam de forma livre e sem protecionismos nacionalistas; quanto em coibir paraísos fiscais ou possibilidades de dupla não tributação.

Nesse sentido, o Brasil vem promovendo diversos ajustes internacionais em matéria tributária os quais vêm demandando dos advogados tributaristas conhecimentos sólidos dos institutos de Direito Internacional (tanto público quanto privado) e forte capacidade de atualização com as modificações vigentes. Na mesma medida, tais modificações impactam diretamente tanto empresas brasileiras que operam ou dependam do mercado internacional, como investimentos estrangeiros no país. Neste esteio, as modificações geram busca por *expertises* específicas que estão abrindo novos caminhos, trabalhos e possibilidades de serviços a serem oferecidos pela advocacia tributária.

De saída, o país vem há alguns anos promovendo diversos acordos sobre bitributação e revendo vários outros já existentes, movimento este que, por si só, já abre um leque de trabalhos sobre planejamentos tributários não só referentes a atos negociais e de comércio, mas também referentes a planejamento patrimonial

---

[5] O Conselho Ministerial da OCDE (08/06/2023) assim reafirmou seus valores em comércio internacional: *We value the OECD's role in promoting free and fair trade, investment, and supply chain resilience, as set out in the new OECD trade strategy; and facilitating international cooperation to counter attempts to undermine open market-based economic systems.*

[6] **OCDE.** Disponível em: https://www.oecd.org/latin-america/paises/brasil-portugues/ Acesso em: 28 mar.2024.

e sucessório, e adequações à Reforma Tributária (Emenda Constitucional n.º 132/2023).

O objetivo precípuo é alinhar o Brasil ao BEPS (Base Erosion and Profit Shifting), um dos 106 compromissos já assinados com a OCDE, com apoio do G20, e cujo objetivo é mitigar envio de lucros para paraísos fiscais. Dentre as mudanças, está a classificação de <u>Juros sobre Capital Próprio</u> (JCP) como juros e não dividendos, alteração esta ligada à coibição de dupla não tributação. Além disso, modificações estão sendo feitas sobre mecanismos para evitar a <u>Evasão Fiscal Internacional</u>, no caso de operações em que fique demonstrado que foi estruturada com o fito exclusivo de evitar tributação.

Outro grande desafio tem sido a adaptação das normas referentes a <u>Preços de Transferência</u>. Ocorre que o Brasil segue sistema próprio bem diferente dos sistemas adotados pelos países-membros da OCDE. Com efeito, nossa sistemática concentra-se na determinação das receitas mínimas tributáveis e despesas máximas dedutíveis (o chamado "preço parâmetro") na apuração do IRPJ (Imposto sobre a Renda das Pessoas Jurídicas) e CSLL (Contribuição Social Sobre Lucro Líquido). Já o sistema da OCDE foca no chamado "benchmark analysis", que traz parâmetros para análise mais efetiva, completa, e comparativa a operações semelhantes entre empresas não coligadas, das transações realizadas.

Estes apontamentos não são exaustivos, mas exemplificativos de como o conhecimento em Direito Internacional vem se tornando mais e mais relevante na prática tributária. Deveras, notem que todas as questões relacionadas a bitributação, evasão fiscal internacional, JCP, Preços de Transferências e outras que virão com o alinhamento ao BEPS, não apenas demandam, mas se resolvem com conhecimento sólido sobre interpretação e integração da norma internacional com o Direito interno.

Assim, são estes os horizontes que trago para inspirar e agregar às tributaristas novos enfoques e outras oportunidades diferenciadas a serem consideradas para a construção de carreiras sólidas e de sucesso.

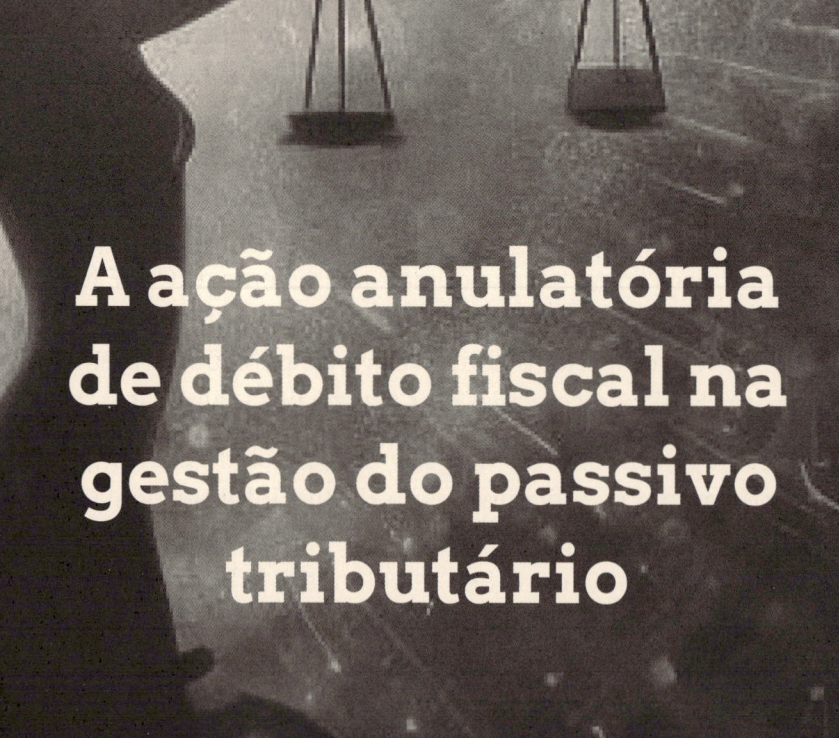

A ação anulatória de débito fiscal na gestão do passivo tributário

LINKEDIN

Ananda Figueiredo

Advogada, desde 2011. Especialista em Direito Tributário, e em Direito Processual, com ênfase em processo civil, trabalhista, penal e tributário. Possui cursos de extensão em Tributação Indireta; Planejamento Tributário; Tributação das Estruturas e Negócios Societários; e Cidadania Fiscal. Membra da Comissão Especial de Direito Tributário da OAB/SP. Associada da Associação Brasileira de Direito Tributário (ABRADT). Atualmente, atua como advogada tributarista no Lima Advogados, escritório situado em São Paulo/SP, especializado na área tributária, há mais de 20 anos.

Denomina-se passivo tributário o conjunto de débitos fiscais imputados ao contribuinte. Para assegurar seu pagamento, a legislação reserva vários instrumentos, na defesa dos interesses arrecadatórios. Dentre eles, cite-se, a título de exemplo, os meios de cobrança indireta; a penhora sobre dinheiro, bens e direitos creditórios; e o redirecionamento da execução aos sócios.

Por essa razão, o passivo tributário impõe a necessidade de implementar medidas que preservem a continuidade da empresa, primando por sua função social. Esse conjunto de ações é chamado de gestão do passivo tributário, que tem por objetivo sanar as pendências fiscais, em prol do reequilíbrio financeiro da empresa.

Quando realizada no âmbito judicial, a gestão compreende a identificação de eventuais nulidades da certidão de dívida ativa, a impugnação contra o excesso na execução fiscal, além de outras iniciativas tendentes a extinguir, suspender ou reduzir o débito fiscal. Em qualquer caso, deve-se priorizar a situação mais vantajosa, ou menos onerosa, ao contribuinte.

Nesse campo de atuação, o caso mais desafiador pertence a uma indústria paulista, que emprega cerca de 300 funcionários, impactando diretamente a economia local. Essa empresa demandou um plano de ações bem articulado, porque passou a compor o rol de grandes devedores do Estado de São Paulo, em virtude de dívida no patamar de centenas de milhões.

A análise do caso dedicou atenção ao porte da dívida e à quantidade de execuções fiscais, em trâmite e iminentes. Esse cenário sinalizava que, tão logo, seriam proferidas ordens de penhora, em valores capazes de obstaculizar o funcionamento da empresa. Assim, a manutenção dos postos de trabalho, e a própria subsistência da indústria, estavam ameaçados.

Dentre as providências tomadas nos processos, as principais estavam relacionadas à pretensão de desconstituir os débitos fiscais, que integravam o passivo tributário. Diante disso, permite-se afirmar que as ações anulatórias asseguraram o êxito do trabalho desenvolvido, motivo pelo qual a gestão do passivo tributário será apresentada sob o enfoque dessas ações.

Isso posto, com previsão no artigo 38 da Lei de Execuções Fiscais (LEF), a ação anulatória de débito fiscal "trata-se de ação ordinária em que é deduzida pretensão no sentido do reconhecimento de que determinada imposição tributária é indevida e de anulação do respectivo lançamento já realizado pelo fisco"[1].

Com apoio do conceito acima, anota-se que a ação anulatória carrega a finalidade precípua de desconstituir o procedimento administrativo de lançamento. Por consequência, em caso de procedência da demanda, o débito fiscal será extinto, total ou parcialmente, de acordo com os limites da decisão que decretar sua anulação.

A ação anulatória pode ser ajuizada antes da execução fiscal, ou quando já estiver em curso, independentemente da oposição de embargos à execução[2]. Por conseguinte, é possível que a execução do fisco e a ação do contribuinte tramitem em concomitância. Isso porque, em regra, a propositura dessa ação não impede que a Fazenda Pública impulsione o processo executivo.

---

[1] PAUSEL, Leandro; ÁVILA, René Bergmann; SLIWKA, Ingrid Schroder. Direito Processual Tributário: Processo Administrativo e Execução Fiscal à luz da Doutrina e da Jurisprudência. 6. Ed. Porto Alegre: Livraria do Advogado, 2010, p. 437.
[2] Agravo Regimental no Agravo em Recurso Especial n.º 31.488/PR

Trata-se de previsão contida no artigo 784 do Código de Processo Civil (CPC), que assegura ao credor o direito de promover a execução, caso o devedor proponha ação contrária ao débito, que constitui o título executivo. Assim, para obstar o avanço da execução fiscal sobre o patrimônio do contribuinte, é necessário recorrer às causas que provocam a suspensão dos atos executórios.

Para tanto, a legislação tributária disponibiliza meios de suspender a exigibilidade do crédito tributário. A primeira hipótese consiste no depósito, em valor correspondente ao débito, efetuado pelo contribuinte, através da ação anulatória. Esse depósito está previsto no artigo 38 da LEF, como condição de procedibilidade da ação. Porém, prevalece o entendimento que concebe o depósito como mera opção para sobrestar o débito, e inibir a execução[3].

Além do referido depósito, o contribuinte ainda pode socorrer-se das causas suspensivas, elencadas no artigo 151 do Código Tributário Nacional (CTN). Desse modo, a Corte Superior condiciona a suspensão da execução à realização do depósito, referido no artigo 38 da LEF; ou à caracterização de umas das hipóteses relacionadas no artigo 151 do CTN[4].

Feitos esses apontamentos, retoma-se a análise do caso concreto, anotando que a empresa contava com ações anulatórias já em curso, sem que estivessem amparadas por nenhuma das causas suspensivas, acima mencionadas. Em consequência, a empresa estava sob iminente ameaça de sofrer constrição patrimonial, mesmo munida dessas ações.

Diante disso, a primeira providência dedicou-se a suspender as execuções, o que se aperfeiçoou, sobretudo, através das medidas liminares, em tutelas de urgência e de evidência, na forma do CPC. A despeito, alerta-se que, quando suscitada tutela

---
3 Tema Repetitivo n. 241 do STJ: O depósito prévio previsto no art. 38, da LEF, não constitui condição de procedibilidade da ação anulatória, mas mera faculdade do autor, para o efeito de suspensão da exigibilidade do crédito tributário, nos termos do art. 151 do CTN, inibindo, dessa forma, o ajuizamento da ação executiva fiscal.
4 Recurso Especial n.º 1.040.781/PR.

de urgência, além da probabilidade do direito, "é necessária a demonstração concreta de perigo de dano", evitando "alegações abstratas de dificuldade de funcionamento da empresa"[5].

Em relação ao momento de ajuizar a ação anulatória, propô-la antes da cobrança judicial pode conferir ao contribuinte situação menos gravosa, remediando os efeitos da inadimplência, desde logo. Dessa maneira, ao antecipar a discussão judicial do débito, é possível sustar os meios de cobrança indireta, tais como: a lavratura de protestos, a inscrição no cadastro de inadimplentes, e a impossibilidade de obter certidão de regularidade fiscal.

Deveras, antes da execução, restrições de direitos são aplicáveis para forçar o pagamento. Por sua vez, o contribuinte poderá aguardar a ação executiva, para questioná-las. Mas, se a morosidade do fisco tardar o início da execução, os efeitos restritivos se prolongarão, sem que o devedor possa impugná-los. A ação anulatória antecedente evita essa espera indefinida, sustando, desde já, as limitações impostas.

Nessa senda, o pedido anulatório pode ser conjugado a outros pedidos, em razão da amplitude da matéria de defesa, que essa ação permite. Por isso, o contribuinte pode, por exemplo, obter certidão positiva com efeitos de negativa, enquanto aguarda a análise do pedido anulatório. Para tanto, é necessário prestar seguro garantia ou fiança bancária, em valor suficiente à garantia da dívida.

Por oportuno, alerta-se que o seguro garantia e a fiança bancária não surtirão efeito suspensivo sobre a execução. Isso porque o Superior Tribunal de Justiça (STJ) condiciona a suspensão, estritamente, às causas suspensivas, previstas em lei. Assim, essas garantias possibilitam a certidão de regularidade fiscal, sem estancar a cobrança judicial, já que não estão inseridas nessas hipóteses legais [6].

---

[5] MELO FILHO. João Aurino de. Execução fiscal aplicada: Análise pragmática do processo de execução fiscal. 10. Ed. São Paulo: Jus Podivm, 2023, p. 731.

[6] Recurso Especial n.º 1156668 / DF.

De todo modo, o seguro garantia e a fiança bancária, quando prestados em antecipação à penhora, podem indicar um caminho menos oneroso ao contribuinte. Nessa esteira, o STJ já indeferiu pedido do fisco, que pretendia substituir a fiança bancária por penhora de dinheiro. Nesse julgado[7], o indeferimento considerou que a fiança bancária era anterior, e a estatalidade se absteve de comprovar a inidoneidade dessa garantia.

De seu turno, o protesto e a inscrição do devedor no Cadastro Informativo de créditos não quitados do setor público federal (Cadin) são meios coercitivos de imposição do pagamento. Sobre o tema, o STJ já infirmou que apenas as causas suspensivas, contidas no artigo 151 do CTN, podem sustar os efeitos da inadimplência, inclusive os indiretos, como o protesto e a inscrição no Cadin[8].

Não obstante, quanto à inscrição no Cadin, pontua-se que a Lei n.º 10.522/2002, responsável por sua regulamentação, enuncia a suspensão do registro cadastral, em duas hipóteses, conforme artigo 7º, tais sejam: por meio de ação judicial que discuta o débito, com oferecimento de garantia idônea e suficiente; ou mediante causa suspensiva da exigibilidade do crédito tributário.

Com base nessa previsão legal, a ação anulatória se revela como instrumento apto a ensejar a suspensão da inscrição no Cadin, uma vez que questiona o débito fiscal, com foco na sua desconstituição. Nesse intento, é necessário apresentar, juntamente com a pretensão anulatória, garantia idônea e bastante à satisfação da dívida.

Para confirmar essa assertiva, registre-se que o STJ também apresenta pronunciamentos em que admite a suspensão da inscrição no Cadin, quando verificada a ocorrência de todos os requisitos descritos no art. 7º da Lei n.º 10.522/2002. Portanto, a

---

[7] Embargos de Divergência em Recurso Especial n.º 1163553 / RJ.
[8] Recurso Especial n.º 1.796.295 / ES; Recurso Especial n.º 1.775.749 / SC; Agravo Interno nos Embargos de Declaração no Recurso Especial n.º 2.001.275 / PB.

mera discussão judicial, sem oferecimento de garantia, não possibilita a suspensão do apontamento no cadastro[9].

Ademais, as ações anulatórias também podem ser intentadas, após a distribuição da execução. No caso da indústria em análise, foram levantados os débitos que já estavam em cobrança judicial, identificando nulidades para propositura de novas anulatórias. Nessa ocasião, por cautela, projetaram-se as chances de êxito dos pedidos anulatórios, com aferição do risco de condenação em honorários advocatícios, prevista no artigo 85 do CPC.

Nesse propósito, "o contribuinte exerce, da forma mais ampla possível, o seu direito de defender-se contra exigência indevida de tributo, posto que são cabíveis todos os meios de prova admitidos em Direito, podem ser deslindadas todas as questões de fato e de direito, sem qualquer restrição"[10]. Assim, através dessa ação, a obrigação tributária pode ser questionada sob a mais variada fundamentação.

De todo modo, o artigo 803, inciso I do CPC, apresenta diretrizes para definir os fundamentos do pedido anulatório. Esse dispositivo informa que é nula a execução, quando o respectivo título não corresponder a obrigação certa, líquida e exigível. Nesse passo, a Corte Superior já reconheceu que a certidão de dívida ativa deve atender aos requisitos de certeza, liquidez e exigibilidade, sob pena de nulidade[11].

Nesse sentido, o CTN, em seus artigos 202 e 203, determina a nulidade da inscrição de dívida ativa, em caso de omissão ou erro em seus elementos obrigatórios. Já a Lei de Execuções Fiscais estabelece que é relativa a presunção de liquidez e certeza da dívida ativa, consoante artigo 3º, parágrafo único. Logo,

---

[9] Agravo Interno no Recurso Especial n.º 1.603.466/SP; Agravo Interno no Agravo em Recurso Especial n.º 2.032.288/PR; Recurso Especial n.º 1.668.103/ RJ; Recurso Especial n.º 1.791.534/ RJ.
[10] MACHADO, Hugo de Brito. Curso de Direito Tributário. 32. Ed. São Paulo: Malheiros, 2011, p. 483.
[11] Recurso Especial n.º 885246 / ES; Agravo Interno no Agravo em Recurso Especial n.º 1952452 /SP.

infere-se que essas normas aludem a vícios do débito fiscal, motivo pelo qual orientam a construção dos fundamentos da peça.

Por sua vez, as provas devem evidenciar as minúcias do caso que explicitem a nulidade do débito, e a necessidade de mitigar as restrições impostas, se for o caso. De fato, a Corte Superior atenta-se às circunstâncias de cada caso, tal como na oportunidade em que confirmou a substituição da penhora de dinheiro por fiança bancária, em razão de prejuízo comprovado pelo contribuinte[12].

Em verdade, a produção de provas deve ser explorada para afastar a presunção que favorece o débito fiscal, e influir no convencimento do magistrado, de modo efetivo. Porém, se a petição inicial for suficiente para demonstrar o direito alegado, recomenda-se avaliar o cabimento de exceção de pré-executividade[13], para evitar o pagamento de custas processuais.

Como já dito acima, o pedido anulatório pode ser agregado a outros pedidos, que visam cancelar, ou sustar, medidas impostas em virtude da inadimplência. Ainda, acrescente-se que a ação anulatória também permite, juntamente com o pedido principal, requerer a devolução dos valores pagos em função do débito que se pretende anular.

O artigo 165 do CTN estabelece que o contribuinte faz jus à restituição de valores arrecadados, indevidamente, aos cofres públicos. Sendo assim, sobrevindo a procedência da ação anulatória, a parte autora terá direito à restituição dos valores pagos em função do débito desconstituído. Por isso, já na petição inicial, ao lado da pretensão anulatória, poderá ser apresentado pedido de condenação do fisco à restituição do indébito tributário.

---

[12] Agravo Interno no Recurso Especial n.º 1731804 / PR.
[13] Súmula n.º 393 do STJ: A exceção de pré-executividade é admissível na execução fiscal relativamente às matérias conhecíveis de ofício que não demandem dilação probatória.

Desse modo, a ação anulatória também pode servir como instrumento para recuperação judicial de créditos tributários pagos indevidamente. Nesse caso, sendo a Fazenda Pública condenada a restituir os valores pagos, é possível a compensação entre créditos tributários e o montante a restituir, importando em economia aos caixas da empresa.

Diante disso, o diferencial do trabalho realizado reside na análise completa das pendências fiscais, aferindo o grau de risco dos débitos, das restrições de direitos e constrições patrimoniais. A partir dos dados colhidos, um estudo técnico apurou a viabilidade de extinguir os valores em cobro; ou, não sendo o caso, de reduzi-los, avaliando a possibilidade e conveniência de postergar o pagamento, conforme interesses da empresa.

Nesse contexto, o gerenciamento priorizou a extinção do passivo tributário, com auxílio de medidas que cancelaram, ou sustaram, restrições sobre bens e direitos, permitindo a regular atuação da empresa. Além disso, ainda se reivindicou a restituição de valores pagos indevidamente, em razão da anulação dos débitos, o que projetou mais equilíbrio financeiro ao cliente.

Por fim, a ação anulatória assumiu protagonismo na gestão judicial do passivo tributário, em virtude do seu efeito desconstitutivo, e de sua ampla possibilidade de defesa, que admite a cumulação do pedido anulatório com outros requerimentos. Assim, assegura-se a máxima proteção do contribuinte, a segurança jurídica, a regularidade fiscal e a continuidade da empresa.

O mandado de segurança como importante munição na luta pela Justiça Fiscal

LINKEDIN

Andrea Bellentani Casseb

Advogada atuante na área tributária há 20 anos, especialista em Direito Tributário pela PUC/SP (Pontifícia Universidade Católica). Mestre em Direito Constitucional pela ITE-SP. Membro da Comissão de Direito Tributário da OAB (Ordem dos Advogados do Brasil). Docente Universitária. Palestrante.

Após 20 anos de experiência com o Direito Processual Tributário, de forma mais passiva do que ativa, trabalhando mais com ações contra o Fisco do que com defesas em execuções fiscais propostas pelos entes tributantes, entendo que o Mandado de Segurança é a ação mais vantajosa para confrontar uma pretensão ilegal do Fisco.

Abordarei aqui, de forma sumária, os principais aspectos desse "remédio" constitucional como: cabimento, requisitos e, claro, os benefícios do mandado de segurança em relação às demais ações tributárias existentes em nosso sistema jurídico para a confrontação legal das exigências e ilegalidades cometidas pelos órgãos responsáveis pela cobrança de tributos do nosso país, que não são poucas.

E por fim, para elucidar o tema, discorrerei sobre uma expediência bem-sucedida que tive certa vez com a impetração de um mandado de segurança "gigante" para uma grande empresa varejista do Brasil.

Premissas

A afirmação de que a arma mais eficaz para se fazer justiça fiscal no âmbito processual tributário é o mandado de segurança pode parecer simplória, uma vez que existem várias outras ações previstas em nosso ordenamento jurídico como um todo. Para afastar essa falsa impressão, importante fixar algumas premissas para a compreensão do tema discorrido ao longo deste capítulo:

Premissa um – trabalhar com processo tributário é diferente de trabalhar com processo civil ou outros ramos do Direito. Quando se trata de tributos, as ações judiciais possíveis para combater uma ilegalidade ou uma ameaça de ilegalidade são bem mais restritas.

Premissa dois – as certidões de dívida ativa – CDA - gozam de presunção de certeza e liquidez, o que fortalece o Fisco e deixa o contribuinte mais vulnerável, interferindo diretamente no convencimento do juiz em favor do Fisco.

Premissa três – as matérias tributárias mais controversas são julgadas pelo Supremo Tribunal Federal ou pelo Superior Tribunal de Justiça em sede de repercussão geral ou recurso repetitivo. Os entendimentos desses tribunais, por força de lei, devem ser replicados para todas as ações que versarem sobre as mesmas matérias, engessando os operadores do Direito, sendo eles advogados ou juízes e desembargadores.

Fixadas as premissas, passemos agora a discorrer sobre o Mandado de Segurança no Direito Processual Tributário.

Cabimento

Como dito, o Mandado de Segurança é a medida mais eficaz e vantajosa para o contribuinte que foi lesado pelo Fisco ou está na iminência de o ser. Contudo, esse remédio processual não cabe contra todas as ilegalidades cometidas pelos entes tributantes. Seu cabimento é delimitado pelo ordenamento jurídico.

Considerado um remédio constitucional, o Mandado de Segurança está previsto nos incisos LXIX e LXX do artigo 5.º da Constituição Federal de 1988 e na Lei n.º 12.016/09.

Vejamos o que preceituam os incisos LXIX e LXX do artigo 5.º da Constituição Federal de 1988:

> *Art. 5º Todos são iguais perante a lei, sem distinção de qualquer natureza, garantindo-se aos brasileiros e aos estrangeiros residentes no País a inviolabilidade do direito à vida, à liberdade, à igualdade, à segurança e à propriedade, nos termos seguintes:*
>
> *LXIX – conceder-se-á mandado de segurança para proteger direito líquido e certo, não amparado por habeas corpus ou habeas data, quando o responsável pela ilegalidade ou abuso de poder for autoridade pública ou agente de pessoa jurídica no exercício de atribuições do Poder Público;*
>
> *LXX – o mandado de segurança coletivo pode ser impetrado por:*
>
> *a) partido político com representação no Congresso Nacional;*
>
> *b) organização sindical, entidade de classe ou associação legalmente constituída e em funcionamento há pelo menos um ano, em defesa dos interesses de seus membros ou associados.*

Em outras palavras, o mandado de segurança é um instrumento de controle judicial das atividades administrativas, tanto em relação aos atos vinculados ilegais como aos discricionários praticados com abuso de poder.

Sendo assim, e levando-se em consideração que no Direito Tributário o lançamento, a atividade fiscalizadora e a própria hipótese de incidência dos tributos são atos vinculados e devem obedecer estritamente a lei, o mandado de segurança encontra, nesse ramo do Direito, campo fértil para ser utilizado, funcionando como importante instrumento do contribuinte para controle do poder de tributar, podendo ser impetrado tanto contra atos já praticados pelo Fisco, ou contra atos que estão na iminência de serem praticados.

Por sua vez, a Lei n.º 12.016/09, que alterou na legislação original o mandado de segurança, através do artigo 5º, restringiu o cabimento desse remédio constitucional, elencando, taxativamente, as hipóteses em que não cabe a impetração de mandado de segurança. São elas:

a) contra prática de ato ilegal cuja contestação admita a interposição de recurso administrativo com efeito suspensivo, independentemente de caução;

b) contra decisão judicial cuja contestação admita a interposição de recurso com efeito suspensivo;

c) contra decisão judicial transitada em julgado.

Em tese, se o que não é proibido é permitido, sempre que houver a lesão a um direito líquido e certo, e que não se encaixar nas hipóteses acima, caberá a impetração de mandado de segurança, **antes ou depois** da prática do ato, **individualmente ou coletivamente**, nos termos da lei.

Quando a lesão de direito líquido e certo já ocorreu, o mandado de segurança é **repressivo** e, em geral, busca anular ou reparar o dano causado. De acordo com o art. 23, da Lei n.º 12.016/09, o prazo para impetrar o mandado de segurança é de 120 dias, a contar da ciência do ato impugnado. Esse prazo é decadencial, ou seja, se não exercido, extingue-se o direito de exercê-lo.

Por sua vez, o mandado de segurança **preventivo** é usado quando o ato coator ainda não ocorreu ou está na iminência de ocorrer. Nesses casos, em matéria tributária, não se utiliza o mandado de segurança contra lei em tese, mas, sim, para evitar os efeitos que uma norma jurídica possa vir a produzir.

Vantagens

Quem trabalha com Direito Tributário ou já foi autuado pelo Fisco sabe que a correção dos débitos e as multas são muito altas, chegando, em alguns casos, a quase dobrar o valor do débito original.

Por conta disso, não raras vezes, os valores envolvidos são vultosos e refletem diretamente no valor dos honorários de sucumbência que serão fixados pelo juiz, caso a ação do contribuinte seja julgada improcedente. Esses honorários variam entre 10 a 20% sobre o valor em discussão.

Por exemplo, se você ingressar com uma ação judicial para

tentar anular um débito tributário de 600 mil reais e sua ação for julgada improcedente, os honorários de sucumbência serão de, no mínimo, 60 mil reais, podendo chegar a 120 mil reais, se fixados em 20%.

E para piorar a situação do contribuinte, o débito, que no início da ação era de 600 mil reais, ao final da ação judicial (em média seis anos depois), sofrerá correção e aplicação de multa por parte do Fisco.

Daí é que decorre uma das vantagens da opção pelo mandado de segurança, pois o Supremo Tribunal Federal já firmou entendimento, através da Súmula 512, de que **não cabem honorários de sucumbência na via mandamental**.

Sendo assim, se tiver que ingressar com uma ação judicial contra o Fisco e for cabível o mandado de segurança, é mais seguro optar por esse instrumento constitucional, porque se você perder a batalha na justiça não será condenado ao pagamento de honorários de sucumbência.

A outra vantagem é que o rito processual do mandado de segurança é especial e sumário, bem mais célere que o rito processual de uma ação de conhecimento, que tem muitas fases.

As fases do mandado de segurança são apenas duas: postulatória e decisória. Sendo assim, todo documento comprobatório da matéria alegada deve ser juntado na petição inicial, na fase postulatória, porque na via mandamental não há fase de conhecimento, que é a fase de produção de provas no rito ordinário.

Por essas razões, sempre que for cabível, sugiro que se opte pelo mandado de segurança para combater a lesão ou a ameaça de lesão de um direito líquido e certo infringido pelo Fisco contra seu cliente.

Um mandado de segurança inesquecível

Certa vez, trabalhava em um escritório de grande porte na

cidade de São Paulo e um dos clientes da minha carteira, uma das maiores redes de supermercados do Brasil, precisava fazer uma promoção de Natal em âmbito nacional.

Um dos requisitos legais para a autorização da promoção era a apresentação de uma certidão negativa de débitos federais, ou positiva com efeitos de negativa, perante a Caixa Econômica Federal – a famosa e temida CND, expedida pela Receita Federal do Brasil.

Importante destacar que essas promoções, para esse nicho do mercado, são de extrema importância, pois elevam muito o faturamento no final do ano e são praticadas por todos os concorrentes. Por isso, não fazer a promoção não era uma opção e, como advogados contratados, tínhamos que resolver a questão em um curto espaço de tempo.

Como grande varejista, com atuação na maioria dos estados do País, todos os meses surgiam novos débitos fiscais em seu nome e em estados diferentes. Por isso, para obtenção da CND, foi necessário montarmos uma força tarefa que envolveu oito pessoas do escritório, entre advogados e estagiários, e que durou em média 20 dias para ser concluída.

O objetivo da força-tarefa era a expedição da CND para a realização da promoção. E a estratégia que adotamos foi a impetração de um mandado de segurança, com pedido liminar para a baixa dos débitos já pagos e a suspensão da exigibilidade de outros débitos apontados no relatório fiscal do cliente.

Porém, quando saiu o relatório fiscal do cliente, constavam **120 débitos sem exigibilidade suspensa**! E nossa tarefa era demonstrar para o juiz, com documentos juntados na petição inicial, que os 120 débitos já tinham sido pagos ou estavam com sua exigibilidade suspensa, nos termos do artigo 151 do Código Tributário Nacional, que trata da suspensão da exigibilidade do crédito tributário:

Artigo 151. Suspendem a exigibilidade do crédito tributário:

I – moratória;

II – o depósito do seu montante integral;

III – as reclamações e os recursos, nos termos das leis reguladoras do processo tributário administrativo;

IV – a concessão de medida liminar em mandado de segurança.

V – a concessão de medida liminar ou de tutela antecipada, em outras espécies de ação judicial;

VI – o parcelamento.

Parágrafo único: *O disposto neste artigo não dispensa o cumprimento das obrigações assessórias dependentes da obrigação principal cujo crédito seja suspenso, ou dela consequentes.*

A primeira etapa foi feita pela empresa, que estabeleceu um "teto" e pagou todos os débitos com o valor abaixo do teto estipulado. De 120 débitos, a empresa pagou aproximadamente 40, restando em aberto 80 débitos.

O próximo passo foi o mais complicado – suspender a exigibilidade desses débitos em aberto, ou através da apresentação de recurso administrativo (ainda estava no prazo, pois o relatório fiscal da empresa era emitido mensalmente), ou através do parcelamento.

Fizemos a análise jurídica dos 80 débitos e separamos os que deveriam ser parcelados daqueles que comportavam a apresentação de impugnação administrativa.

E assim foi feito: parte da equipe ficou responsável pela elaboração e protocolo das impugnações administrativas e a outra ficou com a tarefa de parcelar os débitos perante a Receita

Federal. Essa etapa foi a mais demorada, porque envolveu a elaboração de muitos recursos, o que leva tempo.

Próxima etapa: elaboração da petição inicial e "montagem" do mandado de segurança. Vale lembrar que na época os processos ainda não eram digitalizados. Era necessário imprimir toda a documentação e acostá-la na petição inicial – razão do uso do termo montagem!

Na petição inicial elencamos débito por débito e relacionamos à documentação acostada, que, no caso, era ou recibo de pagamento, ou cópia do protocolo de impugnação administrativa ou comprovante de parcelamento e de pagamento da primeira parcela.

Imaginem o tamanho do processo! Salvo engano, a petição inicial e os documentos tiveram que ser divididos em cinco volumes com aproximadamente 200 folhas cada um.

Logo após a distribuição do mandado de segurança, ficamos de prontidão na Justiça Federal para despachar com o juiz atribuído, o que foi relativamente rápido.

Três dias após o despacho, o juiz concedeu a liminar, determinando que a Receita Federal expedisse a certidão negativa com efeitos de positiva em 48 horas.

Resultado: advogados e estagiários com a deliciosa sensação de dever cumprido e cliente totalmente satisfeito.

O que mais importa

Independentemente da área do Direito escolhida, entendo que um bom advogado é aquele que gosta do que faz, que se mantém atualizado, comprometido e não mede esforços para atender às demandas de seus clientes, obviamente, dentro das normas éticas e legais.

Desde a época da faculdade, me identifiquei com Direito Tributário. Assim que me formei, fiz vários cursos na área, além de pós-graduação. Todos esses cursos agregaram bastante conhecimento e me ajudaram, somados à minha vasta experiência, a me tornar a advogada que sou hoje. O mestrado me possibilitou ser docente nessa área, e dar aulas me ajudou a me manter atualizada por todos esses anos.

Eu tive a sorte de os meus pais serem esclarecidos e bem instruídos, que sempre me incentivaram a estudar e a investir em conhecimento. Infelizmente, sei que muitas pessoas não contam com a mesma sorte, e ficam perdidos ao saírem da faculdade.

Sempre aconselho meus alunos a escolherem uma área com que se identifiquem e se especializarem naquele assunto todos os dias. Um bom advogado nunca para de estudar. Está sempre em busca de conhecimento através da participação em cursos, congressos, etc.

No meu caso, escolhi o Direito Tributário já no banco da faculdade, e continuo escolhendo todos os dias. Porém, minha escolha vai além do ofício da advocacia. A minha busca é por justiça fiscal.

A luta pela justiça fiscal é árdua e, muitas vezes, inglória. Porém, como advogada e, acima de tudo, cidadã, lutei e continuarei lutando, com as armas que tenho, para que a tributação no Brasil seja justa e respeitosa em relação à capacidade econômica de cada contribuinte, como exige a Constituição Federal.

A reforma tributária, sem dúvidas, trará um aumento significativo de demandas judiciais tributárias, de modo que o tema aqui abordado é fruto de experiências do passado, mas, também, munição para a luta que está para vir.

O cenário atual sinaliza que precisaremos cada vez mais de

novos soldados. Se você ainda não escolheu a sua área, sugiro pensar com carinho em se tornar mais um nessa luta!

Para aqueles que já estão caminhando pelo Direito Tributário de forma ética e com seriedade, seja dando os primeiros passos ou já quase no fim da jornada, sintam-se abraçados. Vocês têm toda a minha admiração.

Auditoria de processos tributários na era digital e visual

LINKEDIN

Andressa Gomes

Graduada em Direito pela Universidade Presbiterana Mackenzie/SP. Especialista em Direito Tributário e mestre em Direito Político e Econômico, ambos pela Universidade Presbiteriana Mackenzie/SP.

Atualmente é advogada em São Paulo e coordenadora na área de contencioso tributário.

Assessora na 2.ª Turma do Tribunal de Ética e Disciplina – TED II da OAB/SP (Ordem dos Advogados do Brasil).

Membro da Comissão de Direito Tributário da Subseção da OAB de Santo Amaro.

Monitora acadêmica dos cursos de pós-graduação da Escola de Direito de São Paulo, no programa FGVLaw (Fundação Getulio Vargas).

Caro leitor e leitora, para nos conhecermos um pouco, primeiramente, eu gostaria de começar nosso contato por meio deste texto, com uma breve introdução pessoal e profissional.

Bem, como dizem, sou paulista e paulistana. Atualmente moro e trabalho na capital do Estado de São Paulo. Desde criança, eu sempre gostei muito de estudar e levava isso muito a sério. Cresci com o objetivo de fazer Direito e assim foi feito, quando me formei na Faculdade de Direito da Universidade Presbiteriana Mackenzie em São Paulo, em 2015. Logo após formada, comecei a minha especialização em Direito Tributário nessa mesma universidade e, quando já estava prestes a concluir, fui aprovada no Mestrado em Direito Político e Econômico também do Mackenzie.

A partir de então, minha vida tem sido conciliar a carreira de advogada com a de professora. É como dizem: a melhor forma de aprender é ensinando e não tenho dúvidas do quanto isso é fundamental em minha vida profissional.

Na teoria, é claro que tudo parece muito mais fácil do que é. A carreira da mulher advogada enfrenta grandes desafios e superações para se manter e se destacar no mercado de trabalho. Brinco que devemos correr o dobro de distância e mais rápido que os homens. Espero que isso esteja em processo de extinção para um mundo mais igualitário.

Bem da verdade, o exercício da advocacia no geral traz muitos ensinamentos, como persistência, aperfeiçoamento, resiliência, equilíbrio emocional e confiança.

Comecei a advogar em um escritório pequeno de Direito Público, com poucas causas tributárias. Dali, fui migrando para escritórios maiores e especializados em tributário, nos quais posso afirmar com absoluta certeza que cada um trouxe um ensinamento específico, seja no aspecto pessoal, seja no profissional. O fato é que vamos amadurecendo nos dois aspectos, com a segurança de que ainda estamos em constante processo de aprendizagem e aperfeiçoamento.

Fui trabalhar com processo tributário e não parei mais. A vida profissional me especializou e tenho tido grandes desafios, mas também várias conquistas.

Ocorre que, hoje, o profissional do Direito, ainda que possua uma especialização técnica, deve ser multidisciplinar no dia a dia, isto é, ter ou adquirir as competências de excelente escrita, de manifestação oral clara e segura, tudo para passar ao cliente segurança e conquistar a confiança. Para isso, são inúmeras as situações que a profissão nos apresenta e precisamos estar prontos integralmente e diariamente.

Como eu disse, atuei e atuo com predominância em processo tributário. É a chamada "área de contencioso tributário", seja judicial ou administrativo, mas não posso me restringir a atuar somente com processo. Tenho uma rotina formada por estudos, reuniões com clientes, estratégias processuais, atualizações de temas que surgem todos os dias nos tribunais judiciais e administrativos.

Nessa trajetória, uma das experiências mais grandiosas da minha carreira até hoje foi ter tido a oportunidade de desenvolver um trabalho de auditoria de processos na área tributária.

Como eu disse, não podemos apenas nos ater ao que estamos acostumados a fazer. Acredito que a zona de conforto existe apenas para um objetivo: não o deixar confortável. Portanto, esteja sempre a postos para um desafio!

Considerando, portanto, o exposto até aqui, no sentido de nos deparamos com situações que fogem da nossa rotina, apresento um caso de auditoria de processos tributários.

O cliente era uma grande rede de hortifrúti de São Paulo e fomos (eu e a banca com que eu trabalhava) contratados para fazer um mapeamento de processos que já estavam sendo cuidados por outros escritórios, alguns deles bem grandes.

No começo, eu e meu assistente, Rafael Coelho, por quem eu tenho grande admiração, ficamos assustados pelo volume de informações que haveríamos de gerir, até porque, aquela era a primeira vez que iríamos fazer esse tipo de trabalho que, como eu disse, era totalmente diferente do que havia em nossa rotina.

Curioso como às vezes levamos um tempo maior para entender que algo pode ser extremamente enriquecedor em nossa vida. Acredito que o ser humano, em regra, seja acostumado a ver primeiro o problema e se assustar com ele.

Bem, tudo começou em um dia normal de trabalho no escritório, eu e o Rafael fomos chamados para uma reunião não agendada e recebemos a notícia de que estávamos inseridos em um novo "projeto" de um cliente grande e potencial para o escritório. O objeto do contrato era fazermos um mapeamento de todos os processos da empresa/cliente com base em relatórios de outros escritórios que já haviam sido contratados pelo tal cliente anteriormente. Dessa forma, em um primeiro momento, fomos recebendo vários relatórios processuais e organizando os recebimentos.

Na sequência, esgotado o período para envio das informações, demos início ao nosso trabalho, que, como dito, era o de **mapeamento das informações** e **apresentação para o cliente**. Nossa preocupação era como iríamos gerir todas as informações e transmitir ao cliente de forma clara, isto é, traduzir em uma linguagem incomum ao "juridiquês".

Superado o choque que tivemos em traçar uma estratégia de gerir todas as informações, começamos a trabalhar cada uma delas em várias planilhas para organização de todo o material.

Bem, efetivamente, não havia outra alternativa, senão começarmos a emitir certidões de distribuições de processos federais e de vários Estados e Municípios nos quais o cliente praticava sua atividade social (rede de hortifrúti). Neste ponto do trabalho, inclusive, deparamo-nos com o fato de que o acesso de algumas certidões estava condicionado ao pagamento de custas e tempo para disponibilização. Tivemos que administrar o tempo de forma bastante cirúrgica para não perdermos o controle e, em consequência, o prazo para entrega do projeto. Confesso que, nesta etapa, já estávamos bastante apreensivos.

Um detalhe importante a acrescentar é que a advocacia de escritório é extremamente dinâmica e a hipótese de nos isolarmos completamente no projeto sem fazer e cumprir com as outras demandas inseridas na rotina era praticamente impossível.

Superada a etapa de reunir as informações recebidas dos escritórios e complementadas com as certidões dos distribuidores, prosseguimos com o confronto de todas as informações e fomos surpreendidos, o que gerou ainda mais angústia: as informações não estavam completas.

O que ocorreu: primeiro, alguns relatórios estavam totalmente desatualizados nas informações prestadas, posto que no processo judicial já existiam movimentações que não constavam nos relatórios. Mas o grande obstáculo foi que descobrimos que o cliente possuía débitos que não haviam sido mapeados pelos escritórios, além de processos que também não constavam nos relatórios dos escritórios contratados.

Como era o primeiro trabalho do escritório, havia uma grande pressão institucional para que fosse apresentado algo interessante e relevante para a empresa/cliente.

Na verdade, encontrávamo-nos em uma situação conflituosa tendo em vista que do lado do escritório havia a grande expectativa em cativar o cliente com a entrega do projeto e, de outro, a gestão das informações começou a ficar extremamente penosa e já estávamos cansados mentalmente, dada a quantidade de informações e o atendimento às outras demandas do escritório.

Ainda assim, havia a necessidade de surpreendermos o cliente e dessa forma pensamos em reunir as informações em *dashboards*, contendo dados bastante visuais e claros, por exemplo, número de ações de rito comum e de execuções fiscais em cada ente federativo (União, Estados e Municípios); os valores do passivo e ativo tributários envolvidos nas ações; o número de processos divididos pelos escritórios.

O que desejávamos, na verdade, era que o nosso potencial cliente tivesse toda a informação que pudesse ser perguntada de forma prévia e exposta em nossos gráficos, refletindo de forma clara o diagnóstico de sua empresa.

Para tanto, fizemos um grande uso do sistema chamado "Power BI", uma ferramenta de avaliação e visualização de dados da Microsoft que tem como principal finalidade o apoio a decisões assertivas através do Business Intelligence (BI).

Dessa forma, todas as informações foram compiladas em informações visuais para que o cliente não tivesse que ler textos, mas compreender visualmente a realidade da área tributária na empresa e sua extensão. Algo semelhante à ilustração a seguir:

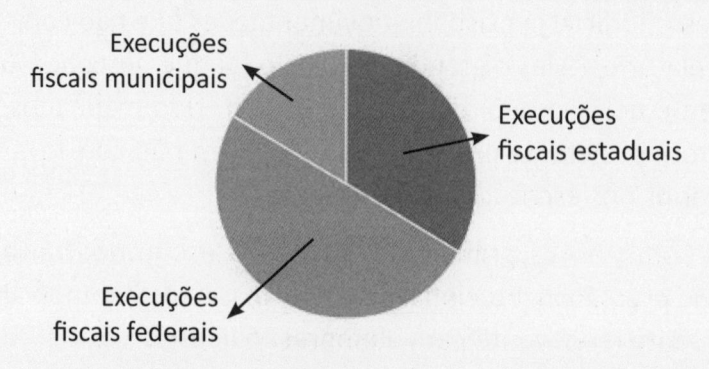

Por exemplo, fatia maior representa o número de execuções fiscais federais, a segunda maior, o de execuções estaduais e, por fim, a menor, o de execuções fiscais municipais. Além disso, outros gráficos demonstrando números correspondentes ao tamanho da dívida tributária.

Obviamente, não compilamos todas as informações em *dashboards*, mas apenas aquelas que causariam maior impacto e que, de certa forma, são sempre as mais perguntadas, tais como: "quanto eu devo e quanto ainda tenho a receber?"

Para isso, foi necessária uma estratégia: colocarmo-nos no lugar do cliente. Ou seja, o que eu, alguém leigo sobre termos jurídicos, gostaria de saber da minha própria empresa? Foi respondendo a essa pergunta que elaboramos os materiais visuais. Selecionamos pontos chaves como:

i) número de processos;

ii) valor da dívida;

iii) o quanto é recuperável;

iv) devo fazer provisão dos valores.

Ainda que tivéssemos definido os pontos principais para que os *dashboards* fossem desenvolvidos, fizemos ainda um incremento: utilizamos as cores da empresa nos dados, para que ficasse ainda mais personalizada a nossa apresentação.

Concluímos que o processo de empatia foi tão grande quanto o jurídico.

Fizemos inúmeras alterações e adaptações. Sempre havia o que pudesse ficar melhor, mesmo já concluído todo o levantamento dos dados.

A reunião de informações nesse modelo teve ainda um aspecto importante, que foi o de, além de mapear toda a área tributária da empresa, apresentarmos de uma forma extremamente agradável e compreensível os dados mais relevantes, o que gerou a contratação do escritório para outros casos importantes.

Nossa satisfação pessoal e profissional com o resultado positivo superou o nosso cansaço, que já era enorme.

O cliente recebeu as informações em *dashboards* e fez pouquíssimas perguntas, porque estavam todas visualmente claras e empáticas.

Cada informação havia sido analisada com base no impacto que iria gerar no cliente, como poderíamos deixá-la ainda mais personalizada, por meio de recursos de cores e letras próximas ao do nome da empresa.

Como funciona no mercado de forma geral, nós na advocacia precisamos ter cada vez mais a consciência de que o nosso potencial cliente é quem precisamos atingir e, quanto mais soubermos sobre ele, mais teremos chance de conquistá-lo e, com isso, um novo cliente contratante.

Optei por trazer este caso pois reflete a *Era da Informação Visual*, que estamos vivendo. As velocidades das redes sociais comprovam que, hoje, as pessoas não despendem tanto tempo com a leitura de textos, o que, na minha concepção, é um equívoco. A rapidez com que as informações chegam e podem ser ignoradas ou consideradas é extremamente grande.

Nesse contexto, Eric Jensen, em seu livro *Brain Based Learning*, mostra que 40% dos nervos do cérebro estão conectados de alguma forma à retina; mais neurônios estão dedicados à visão do que todos os outros sentidos combinados, e provavelmente 90% de tudo que chega à nossa mente é dada por estímulos visuais[1].

Esse caso reflete a importância de nós advogados avançarmos com limites nas expectativas do cliente e surpreendê-lo de forma positiva para que ele (cliente) receba um produto personalizado e além do contratado. Hoje, a concorrência é elevada e fazer mais do mesmo é confortar-se com a zona comum de atuação na carreira, sem perspectiva de evolução.

---

[1] A força visual no design de produtos. Disponível em: https://brasil.uxdesign.cc/a-for%C3%A7a-do-visual-no-design-de-produtos-90b39d05ad7e. Acesso em: 30.jun.2023

Além do mais, a advocacia necessita estar atenta às inovações de mercado para o desenvolvimento e implementação de estratégias de marketing mais eficientes. De modo geral, há um enorme efeito positivo em destinar recursos e empenho às práticas tecnológicas na rotina da advocacia.

Transmitir uma informação clara reflete ainda na tomada de decisões que as empresas necessitam ter, portanto, é com a coleta das informações de forma clara e correta que as empresas pautarão suas ações visando o crescimento.

Com base nisso, o "Business Intelligence", ferramenta utilizada em nosso caso, é uma das melhores para compreensão e tratamento dos dados. O "BI" possui a capacidade de compilar as informações de forma a auxiliar a análise seguindo informações confiáveis. Dessa forma, os gestores conseguem compreender melhor os resultados das métricas e indicadores fornecidos.

É evidente que apenas reproduzir as informações dos escritórios teria sido muito mais fácil e rápido para nós. No entanto, isso o cliente já possuía. O que fizemos foi entregar as informações decifradas e com fácil compreensão, além da segurança com a veracidade de tudo que foi entregue.

Por fim, especificamente na área tributária, precisamos sempre encontrar forma de desmistificar ou ao menos amenizar a complexidade do sistema tributário nacional, pois também é de incumbência do advogado entregar ao cliente a informação clara e precisa. É evidente que o cliente sabe o que é uma dívida de impostos, mas quais são os riscos? Em qual contexto ela se encontra? Quais alternativas o cliente tem para não sofrer consequências graves?

Tendo apresentado a importância da consciência acima em sempre nos aperfeiçoarmos perante nós mesmos e os clientes, trago um ensinamento de Henry Ford: "O insucesso é apenas uma oportunidade para recomeçar com mais inteligência".

O insucesso do Direito Tributário

Fernanda Saback Gurgel

Advogada no escritório Walter Moura Advogados Associados em Brasília-DF. Atua há mais de dez anos na área de Direito Tributário. Membro da Comissão Especial da Reforma Tributária da OAB/DF (Ordem dos Advogados do Brasil/Distrito Federal). Coautora do artigo "Liberdade de Expressão no repertório do Supremo Tribunal Federal – Análise Jurisprudencial", no livro "Publicidade de Tabaco: frente e verso da liberdade de expressão comercial". Coautora do artigo "Alteração de classificação fiscal de produtos como estratégia para a redução de tributos sobre bens de consumo: Análise sob a ótica do Direito Tributário e do Direito do Consumidor", no livro "Direito Atual: debate e crítica". Mestranda em Direito Tributário e Finanças Públicas pelo Instituto Brasileiro de Ensino, Desenvolvimento e Pesquisa (IDP).

Muitas vezes ouvimos falar sobre grandes casos de sucesso em todas as áreas do Direito, inclusive em Direito Tributário. Os casos de insucesso, por sua vez, embora ocorram com bastante frequência em nosso dia a dia da advocacia, raramente são divulgados pelos advogados atuantes.

Como todo e qualquer profissional, não gostamos e não queremos expor o insucesso do nosso trabalho na defesa dos direitos dos nossos clientes, pois temos receio de que isso resulte em uma má interpretação de fracasso. Então, para evitar essa situação, nos acostumamos a repassar as histórias exitosas de nossas atuações na área do Direito Tributário, o que também é muito proveitoso.

Pessoalmente, não vejo problemas em transmitir os *cases* de sucesso na advocacia tributária. Contudo, precisamos parar de romantizar a nossa atuação e expor também os casos nos quais perdemos (seja por qual motivo for). Esses casos, na minha visão, são os mais importantes de toda a trajetória de qualquer advogado, visto que nos preparam e nos concedem a inteligência emocional e a técnica necessárias para atingirmos uma advocacia de excelência.

A nossa atuação como advogados tributaristas não se limita (nem deve se limitar) a êxitos e a altos valores de honorários. A nossa atuação, na verdade, é uma **incansável batalha** para tentar garantir os direitos dos nossos clientes e, na maioria das vezes, nós não temos sucesso por diversos motivos.

Eu sou advogada atuante na área de Direito Tributário há dez anos. Sou completamente apaixonada pela minha profissão e pela área que me escolheu (sim, eu fui escolhida). Durante toda a minha carreira (que ainda considero como iniciante), enfrentei várias situações de insucesso, mas, dentre elas, dois casos nos quais atuei diretamente foram extremamente importantes para eu perceber com nitidez os desafios da advocacia tributária.

O primeiro caso de insucesso

No ano de 2020, eu atuei em dois Recursos Especiais afetados sob o rito dos repetitivos pela Primeira Seção do Superior Tribunal de Justiça (STJ). Eu era advogada de uma associação sem fins lucrativos que foi admitida como *amicus curiae* (em tradução, "amigo da corte") nestes dois processos, a fim de defender os interesses de seus associados.

Nos referidos Recursos Especiais, a discussão era a aplicação ou não da isenção de Imposto de Renda de Pessoa Física (IRPF) prevista no artigo 6º, XIV, da Lei nº 7.716/1988 para trabalhadores que, apesar de acometidos de doenças consideradas graves pela norma em questão, permanecem em atividade laboral.

Esta é uma situação pela qual, infelizmente, muitos contribuintes passam, qual seja: o acometimento de doenças consideradas graves (por exemplo, o câncer ou a neoplasia maligna), mas não necessariamente incapacitantes para impedi-los de continuar a trabalhar.

Esses trabalhadores, além de arcar com as despesas decorrentes de seu tratamento – que são altas -, também são obrigados a declarar e pagar o Imposto de Renda sobre os valores anuais percebidos a título de salário. Por outro lado, os contribuintes aposentados possuem a isenção do referido imposto, em razão da previsão legal do artigo 6.º, XIV, da Lei n.º 7.713/88, independentemente de a aposentadoria haver decorrido ou não da doença grave acometida.

Eu, juntamente com uma equipe de advogados especializados em Direito Tributário, atuei nesses dois Recursos Especiais, como patrona do *amicus curiae*, para subsidiar os processos com argumentos técnicos e jurídicos a favor da tese que beneficiaria os contribuintes, qual seja, a de que a isenção de IRPF prevista no dispositivo legal já mencionado se aplicaria também aos trabalhadores ainda em exercício.

A tese foi elaborada a partir de um estudo aprofundado da hermenêutica jurídica e fundamentou-se na interpretação literal da norma de isenção, conforme determina o artigo 111, II, do Código Tributário Nacional (CTN).

Era uma discussão de extrema relevância social, pois a matéria repercute até a presente data em milhões de servidores públicos e privados, estaduais e federais, que, apesar de acometidos por doenças graves, continuam trabalhando para o Estado ou para a União. O número de trabalhadores que passam por uma situação como esta sem qualquer auxílio da União é alto.

Era uma discussão também com uma repercussão econômica expressiva, visto que, além de impactar a vida de cada um dos brasileiros que trabalhavam doentes, havia ainda um impacto nos cofres públicos, pois a arrecadação de IR certamente iria reduzir.

Nesses processos, a nossa atuação foi muito ativa. Apresentamos várias contribuições jurídicas para o julgamento dos Recursos Especiais, com extensa fundamentação, ratificando a necessidade de o STJ acolher a tese mais favorável aos contribuintes. Entregamos memoriais a todos os Ministros da Primeira Seção do STJ na época e realizamos sustentação oral quando do julgamento definitivo.

Acreditava muito na tese e esperava um final favorável aos contribuintes, que eram basicamente pessoas físicas já debilitadas pela doença grave.

Essa era a oportunidade de o Poder Judiciário lhes conceder uma vitória.

Em junho de 2020, a Primeira Seção do STJ, por maioria, fixou a tese de que *"a isenção de Imposto de Renda prevista no artigo 6.º, XIV, da Lei n.º 7.713/88 se aplica somente aos aposentados e militares reformados, não se estendendo aos trabalhadores ainda em atividade"* (Tema Repetitivo n.º 1.037/STJ).

O STJ acolheu a interpretação restritiva da norma de isenção e entendeu ser impossível a extensão do benefício fiscal aos trabalhadores ativos em razão do princípio tributário da literalidade (que foi aplicado de forma errônea, na minha humilde opinião) e da separação de Poderes, pois é inviável que a Corte legisle sobre a questão.

Neste caso, o que me parece é que os contribuintes foram abandonados não só pelo Poder Judiciário, mas também pelo Poder Legislativo. Isso porque, até a presente data, nenhum Projeto de Lei foi para frente com relação à isenção de Imposto de Renda sobre os rendimentos auferidos por pessoas físicas que sofrem das mesmas doenças graves, mas que, ao contrário dos aposentados e dos militares reformados, permanecem exercendo a sua atividade laboral.

Este caso de insucesso me afetou muito profundamente, tanto como mera pessoa física e contribuinte, quanto como advogada. Eu estava confiante em um deslinde favorável para os nossos clientes (os associados e a associação) e para os milhões de outros trabalhadores que trabalham diariamente mesmo com um diagnóstico de doença grave, tendo que lidar com as dores, as altas despesas do tratamento, o peso de uma eventual inexistência de cura e as preocupações com a família e o trabalho.

Com relação à atuação dos advogados nos processos, não vislumbro algo que poderia ter sido feito a mais e que traria um resultado diferente no julgamento pelo STJ. Nós, como advogados, não poderíamos ter agido de outra forma.

Então, o que pode ter dado errado neste caso? Na minha visão, a própria cultura do Poder Judiciário de inclinar-se sempre para o lado do Ente Público, a fim de evitar, talvez, uma repercussão econômica muito grande aos cofres públicos em detrimento da proteção dos contribuintes hipossuficientes nesta relação. Isso nada mais é do que aquele argumento não jurídico muito utilizado pelo Supremo Tribunal Federal (STF) e pelo STJ para dar vitória à Fazenda Pública, qual seja: o tal do "rombo no orçamento público".

O fato é que o Poder Judiciário brasileiro, na maioria das vezes, chega a uma conclusão em favor da Fazenda Pública (e muitas vezes faz malabarismos jurídicos para que isso seja possível). Eu atribuo a isso o grande número de ex-procuradores da Fazenda Nacional que, hoje, trabalham nas Cortes Superiores como assessores e chefes de gabinete. Eles são bastante influentes, o que, por óbvio, reduz as chances de êxito dos contribuintes nestes tribunais.

Soma-se a isso o fato de que a Fazenda Pública, atualmente, tem muito mais acessibilidade às Cortes Superiores (STJ e STF), o que pode ser facilmente inferido pelo grande número de recursos interpostos por ela e que são admitidos. Por outro lado, isso não se aplica aos contribuintes, cujos recursos não raros são inadmitidos em razão de incidência de óbices sumulares.

Não estamos acostumados a ver contribuintes ganhando grandes litígios tributários. Essa afirmação não significa que os contribuintes não ganham ou que nunca ganharam demandas judiciais significativas. Isso apenas significa que os advogados que atuam em favor dos contribuintes precisam de mais trabalho, de mais "suor" e de mais perseverança para alcançar o êxito.

O segundo caso de insucesso

Em 2017, uma contribuinte já idosa nos procurou em razão da existência de uma dívida tributária perante a Receita Federal do Brasil. O débito se referia a uma quantia devida de Imposto sobre a Renda de Pessoa Física (IRPF) do ano-calendário de 2011.

Após a análise do caso, resolvemos que a melhor estratégia era realmente a adesão ao programa especial de regularização tributária (PERT), visto que ela pagaria o valor devido com redução muito significativa dos encargos incidentes. A adesão ocorreu em novembro de 2017 e o montante do débito foi integralmente quitado pela contribuinte em janeiro de 2018.

Contudo, o referido programa de parcelamento previa a necessidade de se fazer uma consolidação da dívida. Nesta fase, a Receita Federal do Brasil em Brasília-DF calcularia a dívida atualizada da contribuinte e, deste valor, abateria o montante já pago no âmbito do parcelamento.

Tendo em vista a quitação integral do valor devido, a consolidação não foi realizada pela contribuinte, o que ensejou na sua exclusão do parcelamento de forma sumária pela Receita Federal do Brasil (RFB) em 2019.

A partir daí iniciou a sua batalha com a União Federal que já dura cinco anos e que não tem previsão de término.

Primeiramente, nós impetramos um Mandado de Segurança e, após muita perseverança, conseguimos obter uma decisão liminar na qual determinou-se a reinclusão da contribuinte no programa especial de parcelamento. A Receita só cumpriu a determinação judicial três meses após a sua intimação.

A demora no cumprimento da determinação judicial resultou na aplicação de multa diária em favor da contribuinte, cuja exigibilidade está sendo discutida em um segundo processo judicial.

Como a RFB reincluiu a contribuinte no programa de parcelamento, mas se recusa até a presente data a consolidar a dívida tributária, foi necessário mais um processo judicial (o terceiro). O objetivo desta ação é obrigar a União Federal, por meio da RFB, a realizar tal fase para que haja a extinção do débito no sistema interno do órgão fiscal, visto que a dívida vinculada ao seu CPF e ao seu nome a impede de emitir uma simples Certidão Negativa de Débitos Federais.

Por fim, uma quarta ação judicial foi necessária para que a União Federal indenizasse a contribuinte em razão da conduta indevida de incluir o seu nome e o seu CPF no Cadastro Informativo de Créditos Não Quitados do Setor Público Federal (CADIN).

Apesar de conseguirmos decisões favoráveis neste caso, ele é considerado, por mim, como um "insucesso" porque são cinco anos de batalha judicial com a Receita Federal do Brasil, com o ajuizamento de quatro processos, e até hoje não houve a sua resolução definitiva. E qual seria o motivo desse insucesso? A inércia da Autoridade Fiscal em cumprir com as determinações judiciais no prazo concedido pelo Poder Judiciário.

A lentidão no trâmite dos processos judiciais decorrente – quase que na maioria das vezes - dos prazos exorbitantes concedidos para a Fazenda Pública e o desrespeito da Autoridade Fiscal com as decisões judiciais proferidas e com os contribuintes nos quais litigam são causas suficientes a justificar o insucesso de diversos casos. Eu sei que não sou a única advogada tributarista a reclamar dessas falhas (e também não serei a última).

Tudo isso eterniza a duração dos processos judiciais e intensifica o litígio, o que contraria o que preconizam os artigos 4.º e 6.º do Código de Processo Civil. Ora, às partes são assegurados a razoável duração do processo e os meios que garantam a celeridade de sua tramitação. Contudo, me parece que tais normas não são aplicadas a processos judiciais que envolvam a Fazenda Pública. Estes, na verdade, devem ser eternizados para que os contribuintes se cansem ou não estejam mais capazes civilmente de ver o seu direito garantido definitivamente.

Até quando os contribuintes terão o descaso da Autoridade Fiscal?

Conclusão

Todos que atuamos na área do Direito Tributário temos

que lidar com os insucessos de alguns casos, o que muitas vezes nos frustram. Ao percebermos a existência de falhas em nosso Poder Judiciário e nas condutas praticadas pela Autoridade Fiscal (no caso, a Receita Federal do Brasil), temos a certeza de que a garantia dos direitos dos contribuintes, hoje, não é considerada uma prioridade, levando a conclusões extremamente injustas e à ausência de definitividade em litígios judiciais.

Temos um alto número de processos judiciais tributários, mas é preciso colocar na estatística:

i) a grande dificuldade de acesso dos contribuintes às Cortes Superiores diante do alto índice de inadmissibilidade dos seus recursos por óbices sumulares (o que não ocorre com muita frequência com os recursos da Fazenda Pública);

ii) a ausência de resolutividade por parte da Autoridade Fiscal, ainda que seja obrigada mediante determinação judicial, o que prolonga, de forma totalmente desnecessária, o trâmite do litígio;

iii) a inclinação do Poder Judiciário para atender às necessidades da Fazenda Pública em detrimento dos anseios dos contribuintes.

Todos somos contribuintes do Estado, do Distrito Federal e da União.

O que fazemos? Nós, advogadas tributaristas, temos o dever profissional de continuarmos lutando diariamente para que as vozes dos contribuintes sejam ao menos ouvidas e, um dia, acredito que teremos mais decisões justas em favor dos contribuintes, sempre com a observância da nossa legislação tributária.

O que ninguém lhe fala é que atuar no ramo do Direito Tributário não é fácil. Não temos somente vitórias. A verdade é que haverá percalços, mas vale a pena enfrentá-los. As adversidades que combatemos em nossos casos de insucesso nos fortalecem, nos ensinam a trilhar uma trajetória mais assertiva no Judiciário e no Administrativo e nos levam ao êxito.

Cara ou coroa? As duas faces tributárias da mesma moeda

LINKEDIN

Jéssica Bertulucci Pigato

Advogada, especialista em Tributário e Finanças Públicas Instituto Brasileiro de Ensino, Desenvolvimento e Pesquisa (IDP), membro do Institute for Transnational Arbitration, membro do Institute of One World Leadership, membro CAMARB Alumni, extensão em Private International Law (The Hague Academy), extensão em Carbon Taxation/United Nations Compensation Commission (UNCC), extensão em Gestão de Escritórios de Advocacia – Ordem dos Advogados do Brasil/Distrito Federal (OAB/DF), foi juíza árbitra na Competição CAMARB, foi Membro Consultora da Comissão Especial de Apoio aos Estudantes de Direito (CF/OAB), foi conselheira por duas gestões do Conselho Jovem da OAB/DF, foi palestrante voluntária no projeto Direito e Cidadania em escolas públicas no DF – OAB/DF, atuou por três anos na Administração Pública (GDF), citada em 648 publicações (Academia Premium).

Foto: Hávila Nycole/@havilanycole

"Ensina-me o bom senso e o conhecimento, pois confio em teus mandamentos." Salmos 119:66

Acredito que a busca pela sabedoria é infinita e cada conhecimento que acumulamos durante a vida vem seguido de ensinamentos preciosos que nos ajudam a evoluir nas várias áreas de nossa jornada. Confio, inclusive, que buscá-los vem dos mandamentos da palavra de Deus e existe um propósito por trás de cada problema que enfrentamos.

Pergunte-se: "qual problema profissional na minha vida me trouxe mais crescimento?"

Trazendo para o contexto jurídico, a indecisão de qual área seguir dentro do Direito, no sentido de qual rumo tomar e como, é um problema que me ensinou a planejar, ser perseverante e desenvolver a maturidade.

E a escolha pela advocacia me trouxe uma rotina dinâmica, desafiadora, extasiante, e, especialmente em Direito Tributário, me fez perceber que nós nunca sabemos o suficiente, somos como um certo cantor já citou: "uma metamorfose ambulante"[1], e jamais com uma opinião formada sobre tudo, pois exige-se criatividade e muito estudo para se ganhar destaque nessa área.

Pretendo, assim, compartilhar um pouco da minha experiência, e fazer com que você desperte interesse para o Direito

---
[1] Trecho extraído da música "Metamorfose Ambulante", do cantor "Raul Seixas"

Tributário, que pode levar você a um mundo fascinante através do conhecimento.

Avante, sempre avante!

Começo destacando a força da mulher, com um trecho inspirador do texto "Ser Mulher" de "Silvana Duboc" que diz assim: *"Ser mulher... É viver mil vezes em apenas uma vida. É lutar por causas perdidas e sempre sair vencedora. É estar antes do ontem e depois do amanhã. É desconhecer a palavra recompensa apesar dos seus atos. (...) É caminhar na dúvida cheia de certezas. É correr atrás das nuvens num dia de Sol. É alcançar o Sol num dia de chuva."*

A beleza e riqueza interior de uma mulher são admiráveis, é daí que surge a sua força para enfrentar os seus maiores desafios pessoais e profissionais. É delas que surge a busca pelo seu propósito de vida, pelo seu autoconhecimento e a procura do seu equilíbrio em todas as áreas da sua vida, com isso, enfrentando de cabeça erguida cada desafio que aparece. A mulher é "multitarefas".

Ser mulher, advogada e, ainda, tributarista, é ainda mais desafiador. Isso porque, estamos em um mercado predominantemente de liderança masculina. Existe sim o preconceito; certa vez me pediram para que o atendimento fosse feito por um homem, pois "passa mais confiança". Porém, isso não intimida, pelo contrário, nos desafia e nos ajuda a planejarmos nossos alvos para sermos ainda melhores.

E, logo de início, convido você a fazer uma reflexão; pergunte-se: em qual área do meu crescimento profissional eu preciso ser mais paciente e persistente?

Perceba que você deve planejar. Ou seja, você precisa pensar no que pode melhorar e, para isso, o que deve fazer.

O planejamento é uma das etapas mais importantes na advocacia, pois ajudará a antecipar os desafios, bem como a conduzir a sua profissão de maneira mais eficaz.

Isso porque a advocacia a conduz a um mundo de possibilidades, com pelo menos dez áreas principais de atuação, e, dentro de cada uma delas, ainda se pode extrair uma especialização.

Isso não quer dizer que você deva ser limitado(a). Nesse sentido, vou fazer um comparativo inicial do sistema jurídico com um jogo de xadrez. Em um jogo de xadrez os movimentos são previsíveis e há regras fixas para o jogo. Já no sistema jurídico, nem todos os movimentos e tomadas de decisão podem ser encontrados na legislação. Pelo contrário, há a exigência de numerosas competências diferentes daquelas entendidas como jurídicas, pois o Direito está sujeito à condição humana, que é altamente complexa e imprevisível.

Uma das vertentes desse capítulo é trazer, de maneira mais dinâmica e interativa, dois temas com os quais gosto de trabalhar e, comumente, aparecem clientes nessas áreas na busca de estratégias para economizar tributos e organizar o patrimônio, quais sejam: investimento em paraísos fiscais; e dupla residência fiscal.

"Cara ou Coroa"?

Para adentrar um pouco na prática tributária e, você se sentir dentro do cenário da advocacia, nós vamos jogar "cara ou coroa", onde cara é a face da moeda em que está o empresário que deseja investir em paraísos fiscais como economia tributária, a famosa elisão fiscal (economia de tributos), e coroa é a face da moeda que o cliente, pessoa física, foi contratado por empresa fora de seu país de origem, e deseja saber: quem ficará com o imposto de renda, afinal?

Veja, comparando, toda moeda tem duas faces e um mesmo valor. No caso citado, há duas faces da moeda que envolvem casos diferentes, mas o mesmo valor: economizar tributo.

Se você tiver uma moeda, pegue, jogue, e veja de qual lado caiu. Se for o lado da "cara", comece a ler a partir do próximo tópico, e depois siga com a leitura. Se for coroa, inverta a ordem (comece do tópico **"DUPLO DOMICÍLIO FISCAL"**, depois prossiga ao **"VOCÊ JÁ LAVOU DINHEIRO"** e, por último, '**CONFIE NO PROPÓSITO DA JORNADA"**). Caso não tenha uma moeda, apenas escolha por onde começar, seguindo o mesmo raciocínio.

Já tenha em mente, logo de início, que tudo envolve pessoas, conexões, educação e amor com o que você faz, afinal, se você não gosta do que faz, já aparentará que não desenvolverá um bom serviço. Ah! E não posso esquecer: advocacia tributária envolve paciência, e muita. Entender que nem sempre o resultado é positivo, mas, quando sim, é uma sensação emocionante, uma adrenalina inexplicável.

Você já lavou dinheiro

Você que está lendo já lavou dinheiro. Pode ter certeza. Ou vai dizer que nunca esqueceu uma nota no bolso e lavou a peça de roupa? O lado bom é que você já sabe como lavar dinheiro sem ser um "criminoso".

Brincadeiras à parte, partindo dessa premissa, temos que o termo "lavagem de dinheiro" partiu da criação de lavanderias para que os empresários não pagassem tributos, apresentando ali transações "falsas", como uma forma de burlar a legislação[2].

O fato é que você pode economizar tributos sem "lavar dinheiro", pois há estratégias no Direito Tributário voltadas exclusivamente para isso. Aproveito para tratar de um caso prático de um cliente que gostaria de investir em *e-commerce* e economizar tributos. Primeiro fiz uma análise acerca do melhor país para investir, recomendei a documentação necessária, e ainda: se ele desejava uma sede física ou não, pois faz toda a diferença na escolha.

---

[2] Extraído da web disponível em: https://jus.com.br/artigos/55017/lavagem-de-
-dinheiro-e-a-teoria-da-cegueira-deliberada-no-ambito-juridico-brasileiro

E, assim, cheguei à conclusão de que o melhor país para investimento seriam os Estados Unidos, na cidade de "Delaware"; um dos fatores atraentes é não precisar estar no país, bem como não precisar de sede física, além disso, a área de atuação da empresa.

Assim como esse cliente, muitos vão procurar você buscando a melhor forma de fazer negócio, e você precisa estar preparado pra tudo dentro da área que escolheu. Técnica e zelo são essenciais, eu trato cada caso com exclusividade e busco adentrar ao máximo naquilo que o cliente propôs, de maneira a apresentar a solução certa e/ou alternativas viáveis.

Veja que incrível, coloque-se na situação apresentada. Você utilizou apenas da sua inteligência e prática para analisar um caso específico, não precisou de juiz, Tribunal, Órgão Público, de início, para responder o necessário. Apenas você, com a sua força, sabedoria, e caminho trilhado, conseguiu resolver. Isso é que vale a pena, a sua perseverança traz resultado. É uma grande conquista.

Dito isso, com licença que agora vou ali conferir se esqueci dinheiro no bolso.

Duplo domicílio fiscal?

Você provavelmente já pensou em mudar de país quando as coisas não iam bem, certo? Ou até mesmo encontrou uma oportunidade fora do seu país de origem. Pois é, o seu cliente também!

O fato é, para o plano dar certo, o primeiro passo envolve Direito Tributário. Porém, a maioria desconhece ou ignora pensando que é só iniciar na nova oportunidade internacional.

Ocorre que, se não há planejamento o Estado engorda, financeiramente falando. Isto porque a pessoa acabará pagando em dobro a mesma obrigação tributária. A exemplo, vou apresentar o caso de um cliente que me procurou, pois, conseguiu um cargo na Espanha, em uma empresa, para trabalhar à distância, porém, em um dos modelos tributários que lhe foram apresentados pelo país, estava sendo tributado em 24% (vinte e quatro por cento) sob seu salário naquele país, e continuava pagando Imposto de Renda (IR) no Brasil.

Ora, estava trabalhando praticamente para pagar imposto. E agora? Bom, é necessário fazer uma análise minuciosa sobre os acordos internacionais assinados pelo Brasil, e ainda, saber o histórico Tributário do cliente para sanar os erros. Ademais, cada cliente terá uma história diferente, você precisa encaixá-la na melhor solução. Nesse caso, há um acordo Brasil-Espanha, que impede a bitributação (no caso apresentado, cobrança dupla do mesmo imposto).

Analise, pergunte, interaja ao máximo com o seu cliente, pois, nesse tipo de situação, cada detalhe importa!

Confie no propósito da jornada

Por fim, quero ressaltar a importância de você se conhecer, entender aquilo que gosta ou não. No meu caso, eu só aprendi com a prática, e digo com convicção: com a decepção. Afinal, quando você planeja espera que o plano dê certo, e direcione reto e direto ao seu objetivo.

Acontece que a sua caminhada depende de pessoas, de fatores externos que muitas vezes você não consegue controlar. Aí é que acontece o seu grande crescimento. Você pode até "reclamar", mas tudo tem um propósito maior: fazer você aprender a ter controle emocional, lidar com frustrações e confiar no processo da vida, que ela lhe apresentará o melhor. No final, dá tudo certo! Bom ou ruim, você não fica sempre na mesma situação. E, por isso, aproveite a jornada e aprenda com o que está acontecendo agora.

Digo que, trazendo para o plano jurídico, é importante definir, se você escolheu a advocacia, o objeto do seu negócio, ou seja, dentro de sua área de atuação busque o conhecimento necessário sobre o serviço que você pretende oferecer, pois, no Direito Tributário, por exemplo, o cliente já chega com uma noção do tema e fará perguntas muito específicas.

Explore ao máximo as ferramentas que existem atualmente e lhe apresentam conhecimento, muitas vezes gratuitas, e ajudam a desenvolver autoconhecimento, bem como desenvolver o seu foco profissional na área escolhida, com aumento da experiência; e estabeleça uma conexão com o cliente de maneira que ele leve até a real necessidade, pois, assim, você pode quantificar melhor os seus honorários, porque saberá o grau de complexidade e as horas gastas. Também, por meio dessa conexão, você saberá se é um cliente em potencial e assim saberá cobrá-lo para que possa oferecer mais serviços.

Ressalto, também, a importância de estabelecer conexões. Irá ajudar a lidar melhor com os desafios, e também a conseguir clientes. É essencial ter um olhar direcionado aos detalhes tanto em relação aos nossos familiares quanto a nossos amigos. Isso é válido também no mundo dos negócios, o famoso *networking*; não só observar as situações, mas agir em função delas.

Eu comecei do zero na advocacia, mas estabelecendo boas conexões consegui experiências inimagináveis, e estive em um ótimo escritório logo no início da carreira; depois, pude trabalhar em outras experiências. Digo a você: jamais desista! Tudo tem um começo! Assim, é importante fazer bom uso dos nossos canais de comunicação.

Os meus valores vêm de berço. Meus pais são a minha grande inspiração em tudo. Desde a infância me ensinaram sobre uma comunicação de qualidade e a nunca desistir dos meus objetivos. Aproveito para agradecê-los por tudo, foi essa essência que me ajudou a chegar até aqui, descobrindo o poder de uma mulher, e podendo escrever um pouco da minha experiência neste brilhante projeto.

Agradeço também à Andréia Roma, idealizadora da "Série Mulheres", pela oportunidade. Espero encontrar vocês, queridos(as) leitores(as) por aí, e contar mais da minha história.

Gratidão é a palavra final!

Gestão Tributária Integrada: Recuperação, Compliance e Planejamento Tributário

LINKEDIN

Josiane Falco

Advogada tributarista, graduada em Direito e Ciências Contábeis pela Universidade Paulista (Unip), Especialista em Direito Tributário pela Pontifícia Universidade Católica de São Paulo (PUC-SP) e especialista em Direito Penal Econômico pela Pontifícia Universidade Católica de Minas Gerais (PUC-MG). Carreira consolidada em Direito Tributário, com mais de uma década de experiência de atuação consultiva e contenciosa, com dedicação na análise e orientação jurídica de questões tributárias envolvidas em operações empresariais, elaboração de pareceres, gestão tributária integrada, revisões fiscais, atendimento de fiscalizações e defesa técnica de litígios fiscais no âmbito judicial e administrativo.

1. Introdução

No intrincado arcabouço legislativo tributário, a atuação estratégica na gestão tributária e fiscal se torna não apenas uma escolha, mas uma necessidade premente para as empresas que buscam não somente uma economia fiscal e resultados financeiros imediatos, assim como também a construção de bases sólidas e diferenciais de mercado.

A percepção de que as empresas frequentemente pagam mais impostos do que o devido não é mera conjectura, na prática, é um cenário que pode se manifestar por diversos fatores, que variam desde a escolha de regimes tributários, até mudanças normativas, decisões judiciais e, em alguns casos, pela própria falta de conhecimento sobre normas e benefícios que poderiam ser aplicados à atividade empresarial.

Nesse cenário, é muito comum ouvirmos sobre a possibilidade de recuperar tributos pagos a maior nos últimos anos, revelando a identificação e aplicação de normas tributárias que muitas vezes passaram despercebidas.

A partir de uma Recuperação Tributária, ao reaver valores pagos indevidamente nos últimos cinco anos, as empresas podem experimentar um alívio financeiro imediato, o que torna o procedimento mais conhecido no universo empresarial. Contudo, seus efeitos podem ser temporários se não acompanhados de um olhar voltado para as práticas e rotinas correntes adotadas pelas empresas, alinhado ao conhecimento e à interpretação da legislação e normas tributárias, de forma integrada.

A implementação de procedimentos de Recuperação Tributária a cada cinco anos, embora possa vir a ser medida eficaz para corrigir erros e recuperar valores pagos indevidamente, não impede que novos equívocos e gastos desnecessários ocorram de forma recorrente. Dessa forma, a Recuperação Tributária, quando vista isoladamente, não é suficiente para otimização de recursos financeiros. Na prática, muitas empresas, ao adotarem essa estratégia, acabam comprometendo seu fluxo de caixa e direcionando recursos aos cofres públicos, para então, após alguns anos, buscar a restituição desses montantes.

Ao contrário disso, quando a revisão do passado resulta na recuperação de valores pagos indevidamente, é iminente a necessidade de uma gestão que, transcendendo a Recuperação Tributária, deve ser incorporada por estratégias passíveis de garantir a conformidade fiscal e assegurar uma eficiência fiscal contínua e sustentável, capaz de estabelecer alicerces para uma operação empresarial mais eficiente, competitiva e adaptável às constantes transformações no cenário tributário.

Ao longo de mais de uma década atuando no dinâmico universo tributário, pude testemunhar de perto a complexidade da legislação tributária, normas fiscais e suas ramificações diretas no desempenho e resultados das organizações. Nesse cenário, tive a oportunidade de unir o conhecimento jurídico à visão prática, capaz de atender às necessidades estratégicas do universo empresarial. É nesse contexto que este capítulo, explorando não apenas teorias, visa introduzir o conceito fundamental de uma *Gestão Tributária Integrada* através da abordagem de três ferramentas que, quanto integradas, se mostraram eficientes para otimização da carga tributária e seus reflexos nos resultados financeiros experimentados pelas empresas: a Recuperação Tributária, o Compliance Tributário e o Planejamento Tributário.

2. Recuperação Tributária

As empresas brasileiras estão sujeitas a um extenso conjunto de leis e normas tributárias que exigem, mensalmente, a apuração de tributos, a transmissão de obrigações acessórias e o pagamento dos tributos dentro dos prazos estabelecidos na legislação. Isso ocorre porque a maioria dos tributos incidentes sobre as operações empresariais no Brasil depende da autodeclaração, ou seja, da iniciativa dos contribuintes em fornecer informações às autoridades fiscais, a quem a legislação confere a atribuição de fiscalizar essas informações.

Assegurada pelo artigo 168, do Código Tributário Nacional, que garante aos contribuintes o direito de pleitear a restituição de tributos pagos indevidamente dentro do prazo de 5 (cinco) anos, a Recuperação Tributária surge como uma resposta estratégica a esse cenário, permitindo que as empresas revisem minuciosamente suas atividades fiscais de períodos anteriores e, diante da identificação de possíveis inconsistências ou da interpretação mais benéfica da legislação, busquem a restituição, compensação ou ressarcimento de valores pagos indevidamente ou a maior.

O pagamento indevido de tributos pode ser decorrente de diversas hipóteses, cabendo destaque para situações em que a empresa deixa de aproveitar benefícios fiscais previstos na legislação ou submete à tributação operações que, segundo as normas vigentes, não deveriam ser tributadas, por desconhecimento ou equívocos na sua interpretação. Além dessas ações inadvertidas das empresas, o próprio Fisco pode contribuir para o pagamento indevido de impostos. Um exemplo recorrente é quando a própria legislação ou a Autoridade Fiscal, a partir de uma orientação administrativa, contraria normas gerais ou constitucionais de Direito Tributário.

O procedimento de recuperação tributária é conduzido por etapas que requerem uma abordagem jurídica e analítica essencial para assegurar que o processo seja conduzido em conformidade com a legislação vigente, otimizando a identificação de créditos fiscais e resguardando os interesses da empresa perante as Autoridades Fiscais.

Inicialmente, é imperativo conduzir um estudo tributário detalhado das informações fiscais e contábeis dos últimos cinco anos. Nesse primeiro estágio, uma análise minuciosa dessas informações é realizada para identificar o possível oferecimento à tributação de fatos ou operações que não seriam passíveis da incidência tributária, ou ainda, a tributação dessas em duplicidade.

Posteriormente, é necessário empreender um processo que engloba a análise meticulosa das memórias de cálculo dos tributos e das obrigações acessórias submetidas às autoridades fiscais. A partir dessa revisão, é possível identificar e quantificar potenciais créditos decorrentes de pagamentos indevidos ou a maior.

Caso sejam identificados pagamentos de valores indevidos, o próximo passo consiste na retificação das declarações e obrigações acessórias e na formalização dos pedidos de restituição ou compensação desses valores perante a Autoridade Fiscal competente, atendendo, para tanto, às normas fiscais inerentes a esses procedimentos.

3. Compliance Tributário

O termo *compliance* tem suas raízes no verbo da língua inglesa *to comply*, que, em tradução literal, significa cumprir ou obedecer. Amplamente adotado nas práticas corporativas, o *compliance* é um conjunto de regras e procedimentos que as empresas adotam para garantir a conformidade com normas legais, éticas e regulatórias.

No contexto tributário, o *compliance* desempenha um

papel crucial como parte integrante do *compliance* empresarial. Além de garantir a conformidade das obrigações fiscais, essa prática busca, de maneira proativa, antecipar e solucionar desafios, promovendo uma gestão tributária transparente e alinhada com as normas vigentes.

Para assegurar o fiel cumprimento do complexo arcabouço legal e normativo, torna-se imprescindível que as empresas estabeleçam uma rotina de práticas estruturadas para o cumprimento de suas obrigações fiscais periodicamente.

Nesse cenário, é fundamental entender que o Compliance Tributário vai muito além da verificação da entrega tempestiva de obrigações tributárias e pagamento de impostos no prazo legal. Refere-se, pois, à conjunção entre a conformidade das práticas e rotinas inerentes à apuração e declaração de tributos com a legislação vigente e à busca pela máxima eficiência na tributação, visando evitar contingências, penalidades e gastos desnecessários.

Na prática, assim como a Revisão Tributária, o Compliance Tributário parte da análise aprofundada das informações fiscais e contábeis de períodos anteriores da empresa. Embora o ponto de partida seja o mesmo, no âmbito do *compliance*, essa revisão minuciosa tem como objetivo verificar se apurações, declarações e registros contábeis elaborados e declarados às autoridades fiscais pela empresa estão em conformidade com a legislação, normas e orientações vigentes.

Implementado periodicamente, o Compliance Tributário assegura a adoção de uma postura proativa pela empresa capaz de evitar potenciais penalidades e contingências fiscais, seja por possibilitar a correção de rotinas fiscais, seja por oportunizar a autorregularização de informações prestadas em períodos anteriores e o pagamento de tributos eventualmente não recolhidos sem a incidência de multas, seja ainda corrigindo eventuais procedimentos que poderiam vir a resultar no recolhimento prospectivo de tributos a maior, emergindo como uma estratégia preventiva para garantir conformidade constante e otimização fiscal em um cenário tributário dinâmico.

4. Planejamento Tributário

O planejamento tributário ou a elisão fiscal é uma prática essencial para as empresas que buscam otimizar sua carga fiscal de maneira lícita e eficiente. Diferentemente da evasão fiscal, que se caracteriza pela sonegação de tributos, o planejamento tributário busca a redução da carga tributária por meio de estratégias legais.

A análise personalizada e minuciosa das atividades da empresa é ponto de partida para o desenvolvimento de um Planejamento Tributário estratégico, já que cada negócio possui características únicas que influenciam diretamente na tributação de suas operações. É a partir dessa compreensão detalhada que são identificadas oportunidades legais para otimização da carga tributária.

Determinadas particularidades, como a localização da empresa, natureza das operações, processos utilizados na atividade operacional, partes envolvidas e até mesmo características dos produtos ou serviços, podem vir a representar diferenciais que, a partir de uma análise e interpretação atenta da legislação, normas tributárias e orientações administrativas e judiciais, influenciam diretamente no enquadramento fiscal e na tributação.

Um exemplo emblemático contemporâneo é o caso do bombom Sonho de Valsa, fabricado há mais de 85 anos pela Lacta. Por meio de pequenas alterações em sua fórmula e embalagem, sem que isso comprometesse o sabor ou a apresentação de um produto já consolidado no mercado e no gosto dos consumidores, a empresa realizou a reclassificação do produto como "*waffle*", possibilitando a aplicação de uma alíquota mais baixa e a fruição de uma redução significativa nos tributos incidentes sobre o mesmo.

Nessa mesma linha, a rede de *fast food* McDonald's, recentemente, realizou uma mudança na formulação e classificação de seus famosos sorvetes, passando a comercializar os produtos, a partir de então, como "sobremesas à base de bebida láctea saborizada", reclassificação que possibilitou a fruição de um benefício fiscal previsto na legislação e impactou drasticamente a tributação sobre o produto, proporcionando uma economia considerável.

Referidas estratégias ilustram como um olhar estratégico voltado para as características intrínsecas de cada negócio, aliado ao conhecimento e à interpretação da legislação tributária de forma estratégica, possibilitam a exploração de oportunidades que, a um só tempo, atendem às exigências legais e resultam em uma carga tributária otimizada para a empresa.

Nesse cenário, um Planejamento Tributário estratégico e eficiente deve considerar detalhes da legislação vigente e uma análise crítica da natureza das operações da empresa, garantindo total conformidade com a lei e eficiência dentro das margens legais.

Contudo, é preciso ter em mente que não se trata de uma atividade isolada, mas de um processo contínuo, à medida que as leis tributárias evoluem e as operações empresariais se transformam, de forma que não só a implementação das medidas, mas também o seu acompanhamento, são cruciais para manter e adaptar o planejamento tributário elaborado ao longo do tempo.

Em síntese, o planejamento tributário transcende a mera conformidade fiscal, destacando-se como uma ferramenta estratégica que, ao considerar a complexidade da legislação e das operações empresariais, não se limita ao cumprimento das obrigações fiscais, mas busca ativamente maximizar oportunidades de economia tributária. A análise detalhada, a criação de estratégias personalizadas e a adaptação contínua são pilares desse processo, capazes de proporcionar benefícios substanciais às empresas que almejam não apenas eficiência, mas uma verdadeira excelência na otimização de seu cenário tributário.

5. Conclusão

Considerando a constante evolução do arcabouço legislativo e normativo tributário, a gestão tributária não é um estado estático, mas sim um procedimento dinâmico, que demanda abordagens contínuas e adaptáveis. Sob esse prisma, uma Gestão Tributária Integrada transcende a adoção de medidas reativas, revelando-se em um conjunto de estratégias preventivas e proativas a serem adotadas pelas empresas.

Nesse contexto, a Recuperação Tributária, o Compliance Tributário e o Planejamento Tributário se entrelaçam de forma sinérgica, formando um alicerce robusto, cujos pilares não apenas garantem a conformidade legal, mas também oferecem uma abordagem estratégica eficiente para minimizar o impacto da carga tributária que recai sobre as atividades empresariais.

Em um cenário "ideal", deveria ser suficiente que todas as empresas, antes de iniciarem suas operações, realizassem uma análise detalhada da legislação tributária e normas fiscais específicas para sua atividade, que seria bastante para que fosse aplicado o melhor enquadramento fiscal, regime tributário e todas as vantagens e benesses previstas na legislação tributária, normas fiscais e orientações administrativas e judiciais, desde o início de suas atividades, de forma estática.

No entanto, essa abordagem confronta a dinâmica da legislação tributária e o próprio ciclo de crescimento e desenvolvimento empresarial. À medida que as empresas avançam em sua trajetória, elas atravessam fases distintas, cada uma impondo desafios tributários singulares.

Em uma fase inicial, regra geral, caracterizada por um faturamento modesto e pela possibilidade de optar por regimes de apuração simplificados, as necessidades são completamente distintas daquelas que exsurgem em fases subsequentes do negócio. Com o aumento do faturamento, surge a necessidade de mudanças no regime tributário adotado, o que altera a forma de apuração de tributos e resulta na incorporação de novas obrigações fiscais. Essa transição requer uma adaptação cuidadosa, com olhar atento para a conformidade das obrigações acessórias e ao estrito cumprimento da legislação.

Já em uma etapa de consolidação de mercado, em que o faturamento atinge patamares ainda mais expressivos, a complexidade tributária aumenta, sendo fundamental revisitar os períodos anteriores de forma periódica para garantir a recuperação de valores eventualmente pagos indevidamente, manter práticas e rotinas fiscais em conformidade com a legislação e normas vigentes e aproveitar possíveis benefícios fiscais passíveis de otimizar a carga tributária.

Em que se pese que a tributação apresente particularidades específicas em cada fase do ciclo de crescimento e desenvolvimento enfrentado pelas empresas, de forma que suas necessidades possam variar em cada etapa, é incontestável que a adoção de uma Gestão Tributária Integrada, a partir das ferramentas abordadas, proporciona benefícios significativos, podendo representar um diferencial de mercado capaz de aumentar a competitividade e potencializar os resultados financeiros.

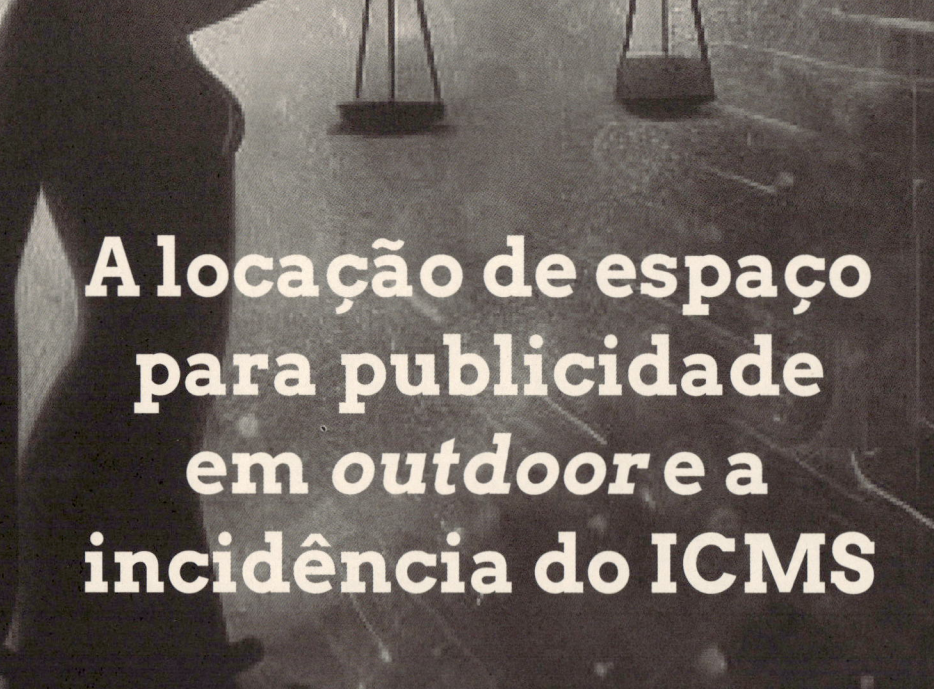

A locação de espaço para publicidade em *outdoor* e a incidência do ICMS

LINKEDIN

Juliana Aleluia de Souza

Sócia do Escritório Thiago Phileto Pugliese Advogados Associados. Graduada em Direito pela Universidade Federal da Bahia. Pós-graduada em Direito Tributário pelo Instituto Brasileiro de Estudos Tributários (IBET) e pós-graduanda em Direito Imobiliário pela Faculdade Baiana de Direito. Atualmente coordena grande carteira de clientes, com foco nas áreas imobiliária e tributária. SILVA, Joseane e outros. Superenvidamento dos consumidores. Ed. Paginae. 2016.

Resumo

Trata o presente artigo da análise acerca do aspecto material do ICMS-Comunicação no que diz respeito à veiculação de publicidade e propaganda por meio de *outdoors*. Aventou-se, como hipótese central, se a mera exposição de propaganda em *outdoor* estaria abrangida no aspecto material do ICMS-Comunicação, partindo-se do escopo conceitual de comunicação pressuposto na Constituição Federal de 1988. Por conseguinte, foi abordada a potencialidade de cobrança do ISS nesta hipótese, ante a divergência jurisprudencial que existe acerca da tributação de empresas que veiculam publicidade em *outdoors*. Utilizaram-se, para tanto, os métodos hipotético-dedutivo e o indutivo. Ademais, adotaram-se as pesquisas exploratória, bibliográfica e documental, valendo-se da técnica da documentação indireta e do procedimento qualitativo.

PALAVRAS-CHAVE: PUBLICIDADE; *OUTDOORS*; ICMS-COMUNICAÇÃO

1. Introdução

Após o fenômeno da globalização, os processos comunicacionais se diversificaram amplamente, sendo certo que a definição dos elementos que constituem o processo de comunicação repercute notoriamente na esfera tributária, ante a previsão do art. 155, II da CF/88, o qual pressupõe que uma das materialidades do ICMS consiste na prestação do serviço de comunicação.

A hipótese a ser apresentada consistirá em identificar se incidiria ICMS ou ISS no âmbito da divulgação publicitária em *outdoor* ou se, em alguns casos, a publicidade em *outdoor* nem mesmo seria passível de tributação.

Nesta senda, buscar-se-á: pesquisar a produção bibliográfica acerca do campo de materialidade do ICMS-Comunicação; relacionar os elementos do processo comunicacional com as disposições constitucionais sobre a prestação do serviço de comunicação; examinar o alcance da lista de serviços contida na LC 116/03, no tocante à publicidade em *outdoor*.

2. O serviço de comunicação na CF/88

Para fins de fixação de premissas, será adotada a concepção restrita do conceito de prestação de serviço de comunicação, segundo a qual é necessária a interação entre emissor e receptor para que exista efetivo processo comunicacional[1].

Tal acepção é aferida à luz da CF/88, na qual é possível constatar que há distinção entre os serviços de telecomunicação e de radiodifusão sonora de sons e imagens[2]. O primeiro é espécie de serviço de comunicação e pressupõe a interação entre os sujeitos emissor e receptor, enquanto o último consiste em uma

---

[1] ÁVILA, Humberto. Imposto sobre a prestação de serviços de comunicação. Conceito de prestação de serviços de comunicação. Intributabilidade das atividades de veiculação de publicidade em painéis e placas. Inexigibilidade de multa. *Revista Dialética de Direito Tributário*. São Paulo: Dialética, nº 143, p. 123, ago. 2017.

[2] Sacha Calmon Navarro Coêlho sustenta que é possível comprovar a dicotomia entre serviços de telecomunicação e de difusão a partir da análise dos arts. 21, XI e XII, a; e art. 22, IV, V, da CF/88. COÊLHO, Sacha Calmon Navarro. Tributação na internet. In: MARTINS, Ives Gandra da Silva (Coord.). *Tributação na Internet.* São Paulo: Revista dos Tribunais, 2001, p. 105-112.

mera modalidade de difusão, uma vez que a mensagem não é enviada a destinatários certos e determinados[3].

O escopo de tributação do ICMS sobre a prestação do serviço de comunicação já sofreu diversas alterações em decorrência de emendas ao texto constitucional. Na vigência da Constituição Federal de 1946, após o advento da Emenda Constitucional nº 18/65, pela primeira vez, foi outorgada à União e aos municípios a competência para instituir imposto sobre serviços de transportes e de comunicações (arts. 14 e 15)[4].

Apenas com a promulgação da Constituição Federal de 1988 houve uma reestruturação da competência de tributação dos serviços de comunicação, na medida em que aos Estados e ao Distrito Federal foi outorgada a competência para instituir o imposto sobre este tipo de prestação de serviço, consoante preceituado no art. 155, II, da Carta Magna vigente[5].

Em 13 de setembro de 1996, foi promulgada a Lei Complementar nº 87/96, que, em seu art. 2º, III, preceitua que o ICMS incide sobre "prestações onerosas de serviços de comunicação, por qualquer meio, inclusive a geração, a emissão, a recepção, a transmissão, a retransmissão, a repetição e a ampliação de comunicação de qualquer natureza"[6].

Inegável, portanto, que tão somente será possível falar em prestação de serviço de comunicação quando houver a constituição simultânea dos elementos que formam uma prestação de serviço e dos componentes do processo comunicativo, de modo que o objeto do contrato de prestação seja a realização

---

[3] MACHADO, Hugo de Brito. O ICMS e a radiodifusão. *Revista Dialética de Direito Tributário*. São Paulo: Dialética, nº 23, p. 58-59, ago. 1997.
[4] FEITOSA, Maurine Morgan Pimentel. *O Conflito de competência entre o ICMS e o ISS: um estudo de casos na Era da Internet*. Belo Horizonte: Fórum, 2018, p. 132.
[5] XAVIER, Helena de Araújo Lopes. O conceito de comunicação e telecomunicação na hipótese de incidência do ICMS. *Revista Dialética de Direito Tributário*. São Paulo: Dialética, nº 72, p. 73, jan. 2001.
[6] BRASIL. Lei Complementar (1996). *Lei Complementar nº 87, de 13 de setembro de 1996*. Brasília, DF: Senado, 1996.

da comunicação entre o tomador e uma terceira pessoa, mediante o pagamento da respectiva contraprestação[7].

3. Posições doutrinárias acerca da publicidade em *outdoor*: ICMS ou ISS?

Com o advento da LC 116/03, a previsão legal de incidência do ISS no tocante ao serviço de publicidade e propaganda restringiu-se às atividades de criação do conteúdo publicitário, tendo sido vetado o item que previa as atividades relacionadas com a sua veiculação[8].

A exclusão do referido item iniciou grande celeuma acerca da tributação da veiculação de propaganda, dando ensejo a uma acirrada disputa judicial entre municípios e estados, bem como a distintos posicionamentos doutrinários.

Nesse contexto, leciona Maurine Morgan Pimentel Feitosa que existiriam três grandes correntes que investigam o conceito de serviço de comunicação e a existência de possível conflito de competência entre ISS e ICMS no tocante à publicidade em *outdoors*[9].

Como adeptos da primeira corrente, encontram-se os doutrinadores Humberto Ávila e Roque Antônio Carrazza; segundo este último, a prestação do serviço de comunicação depende de uma efetiva difusão da mensagem, através da interação entre emissor e receptor, pois a CF/88 teria diferenciado o serviço de telecomunicações e de radiodifusão sonora de sons e imagens nos artigos 21, incisos XI e XII[10].

---

[7] Ibidem, idem.
[8] Ibidem, idem.
[9] FEITOSA, Maurine Morgan Pimentel. *O Conflito de competência entre o ICMS e o ISS: um estudo de casos a Era da Internet*. Belo Horizonte: Fórum, 2018, p. 206/207.
[10] CARRAZZA, Roque Antônio. *Curso de Direito Constitucional Tributário*. 21 ed. São Paulo: Malheiros, 2005, p. 244/248.

Como grande representante da segunda corrente, há que se destacar o doutrinador Paulo Enrique Mainier, que, em sua visão, defende que a preponderância do contrato de veiculação de publicidade não seria a cessão de um espaço, mas sim um conjunto de serviços que permitiria a disponibilização de um canal de comunicação, sendo esta a atividade – fim do contrato[11].

Passando ao terceiro nicho doutrinário, destacam-se as posições de André Mendes Moreira, no sentido de que o prestador do serviço de comunicação necessariamente deve se obrigar a transmitir a mensagem, e, por via de consequência, a publicidade em *outdoor* não seria tributável por ICMS, já que não há efetivo transporte da mensagem neste caso[12].

Ainda no tocante à posição intermediária, Paulo Roberto Andrade sustenta que, no caso de publicidade em *outdoors*, placas e painéis, a obrigação do prestador que divulga a mensagem por meio dos referidos veículos configuraria uma cessão de espaço/suporte físico ou locação, razão pela qual não incidirá ICMS[13].

Conclui-se, deste modo, que todos os posicionamentos colhidos tiveram como premissas um conceito mais restrito ou mais amplo do processo comunicativo, bem como avaliaram qual seria o objeto final no contrato de veiculação de publicidade em *outdoor*.

---

[11] OLIVEIRA, Paulo Enrique Mainier de. A incidência do ICMS e as imunidades sobre a prestação de serviços de comunicação por veiculação de publicidade. *Revista Dialética de Direito Tributário*, São Paulo, nº 196, p. 121, 124 e 127, jan. 2012.

[12] MOREIRA, André Mendes; TEIXEIRA, Alice Gontijo Santos. *A Publicidade e Propaganda e as Fronteiras entre ISSQN e ICMS*. Net, São Paulo, dez. 2014. Disponível em: HTTPS://sachacalmon.com.br/publicacoes/artigos/a-publicidade-e-propaganda-e-as-fronteiras-entre-issqn-e-icms/. Acesso em: 07 mar. 2019.

[13] ANDRADE, Paulo Roberto. Veiculação de publicidade: ISS, ICMS ou nada? *Revista Dialética de Direito Tributário*, São Paulo, nº 234, p. 90/92, mar. 2015.

4. Conclusão à luz da reforma tributária

A veiculação de publicidade e propaganda por meio da locação de *outdoor* não integra a materialidade do ICMS-Comunicação, diante da impossibilidade de se identificar os destinatários e a ausência de interação entre emissor e receptor. Assim, identifica-se mera difusão de mensagem, que constitui uma das etapas de um processo comunicativo, mas com ele não se confunde.

Outrossim, após a entrada em vigor da LC 157/2016, com a inclusão do item 17. 25 (inserção de textos, desenhos e outros materiais de propaganda e publicidade, em qualquer meio – exceto em livros, jornais, periódicos e nas modalidades de serviços de radiodifusão sonora e de sons e imagens de recepção livre e gratuita) à lista anexa da LC 116/03, resta notória a previsão quanto à incidência do ISS ao serviço de veiculação de publicidade, em qualquer meio.

Com a promulgação da Emenda Constitucional nº 132/23, o cenário de divergência tende a diminuir, já que os serviços de publicidade em *outdoor* serão tributados de maneira única pelo Imposto sobre bens e Serviços (IBS), o qual consiste na unificação do ICMS e do ISS.

Contudo, a reforma tributária apenas regulamentou as balizas gerais do IBS, das quais se destacam: a competência de instituição compartilhada entre Estados, Distrito Federal e Municípios; a existência de única legislação válida para todo o País; a sua não inclusão na própria base de cálculo; a não incidência nas prestações de serviço de comunicação nas modalidades de radiodifusão sonora de sons e imagens de recepção livre e gratuita; e o regime não-cumulativo[14].

---

[14] Agência Senado. Reforma tributária promulgada: principais mudanças dependem de novas leis. Net, Brasília, dez. 2023. Disponível em: https://www12.senado.leg.br/noticias/materias/2023/12/21/reforma-tributaria-promulgada-principais-mudancas-dependem-de-novas-leis#:~:text=Novos%20impostos&text=Mas%20em%202026%20haver%C3%A1%20um,ser%C3%A3o%20substitu%C3%ADdos%20de%20modo%20progressivo. Acesso em: 27 jan. 2024.

Segundo previsão especulativa, a tributação pelo IBS poderá alcançar uma alíquota máxima de 27,5%, previsão que, acaso confirmada, representará aumento na carga tributária do setor de serviços[15].

Com efeito, em relação ao cenário atual, a prestação de serviços de publicidade em *outdoor*, segundo a legislação vigente e jurisprudência majoritária, deve ser tributada pelo ISS, salvo análise casuística que permita concluir que existiu apenas locação ou cessão do suporte publicitário, caso em que inexiste incidência de qualquer imposto por inexistir prestação de serviço.

Em relação ao cenário futuro, será necessário aguardar o regime de transição da reforma tributária e a promulgação de lei complementar específica acerca do IBS para analisar os efeitos da EC n.º 132/2023, especificamente quanto ao setor de publicidade em *outdoor*.

Referências

AGÊNCIA SENADO. Reforma tributária promulgada: principais mudanças dependem de novas leis. Net, Brasília, dez. 2023. Disponível em: https://www12.senado.leg.br/noticias/materias/2023/12/21/reforma-tributaria-promulgada-principais-mudancas-dependem-de-novas leis#:~:text=Novos%20impostos&text=Mas%20em%202026%20haver%C3%A1%20um,ser%C3%A3o%20substitu%C3%ADdos%20de%20modo%20progressivo . Acesso em: 27 jan. 2024.

AMBRIZZI, Ângelo. Prestadores de Serviço de Marketing: o que muda com a reforma tributária? Net, São Paulo, jan. 2024. Disponível em: https://www.marcosmartins.adv.br/prestadores-de-servicos-de-marketing-o-que-muda-com-a-reforma-tributaria/ . Acesso em: 27 jan. 2024.

ANDRADE, Paulo Roberto. Veiculação de publicidade: ISS, ICMS ou nada? *Revista Dialética de Direito Tributário*, São Paulo, nº 234, p. 90/92, mar. 2015.

---

[15] AMBRIZZI, Ângelo. Prestadores de Serviço de Marketing: o que muda com a reforma tributária? Net, São Paulo, jan. 2024. Disponível em: https://www.marcosmartins.adv.br/prestadores-de-servicos-de-marketing-o-que-muda-com-a-reforma-tributaria/ . Acesso em: 27 jan. 2024.

ÁVILA, Humberto. Imposto sobre a Prestação de Serviços de Comunicação. Conceitos de Prestação de Serviço de Comunicação. Intributabilidade das atividades de veiculação de publicidade em painéis e placas. Inexigibilidade de Multa. *Revista Dialética de Direito Tributário*. São Paulo: Dialética, n.143, ago. 2007.

BRASIL. Constituição Federal (1988). *Constituição da República Federativa do Brasil, 05 de outubro de 1988*. Brasília, DF: Senado, 1988.

BRASIL. Lei Complementar (1996). *Lei Complementar nº 87, de 13 de setembro de 1996*. Brasília, DF: Senado, 1996.

CARRAZZA, Roque Antônio. *Curso de Direito Constitucional Tributário*. 21 ed. São Paulo: Malheiros, 2005.

CARVALHO, Paulo de Barros. *Direito Tributário: fundamentos jurídicos da incidência*. 10 ed. rev. e atual. São Paulo: Saraiva, 2015.

CARVALHO, Paulo de Barros. *Direito Tributário: linguagem e método*. 4 ed. São Paulo: Noeses, 2011.

COÊLHO, Sacha Calmon Navarro. Tributação na internet. In: MARTINS, Ives Gandra da Silva (Coord.). *Tributação na Internet*. São Paulo: Revista dos Tribunais, 2001.

FEITOSA, Maurine Morgan Pimentel. *O Conflito de competência entre o ICMS e o ISS: um estudo de casos na Era da Internet*. Belo Horizonte: Fórum, 2018.

MACHADO, Hugo de Brito. O ICMS e a radiodifusão. *Revista Dialética de Direito Tributário*. São Paulo: Dialética, nº 23, p. 58-59, ago. 1997.

MOREIRA, André Mendes; TEIXEIRA, Alice Gontijo Santos. *A Publicidade e Propaganda e as Fronteiras entre ISSQN e ICMS*. Net, São Paulo, dez. 2014. Disponível em: HTTPS://sachacalmon.com.br/publicacoes/artigos/a-publicidade-e-propaganda-e-as-fronteiras-entre-issqn-e-icms/. Acesso em: 07 mar. 2019.

XAVIER, Helena de Araújo Lopes. O conceito de comunicação e telecomunicação na hipótese de incidência do ICMS. *Revista Dialética de Direito Tributário*. São Paulo: Dialética, nº 72, jan. 2001.

Implementando o planejamento tributário de uma fintech de meios de pagamento

LINKEDIN

Juliana de Jesus Cunha

Cristã, Americas Onboarding Specialist (Sales, Tech, Legal & Compliance) na Thunes, fintech especializada em cross-border payments presente em mais de 130 países, DPO e presidente da Comissão de Direito Digital, LGPD, Startups e Finanças da 94ª Subseção da OAB/SP (Ordem dos Advogados do Brasil), experiência em grandes bancas de advocacia e departamentos jurídicos com ênfase em regulatório, serviços financeiros e Direito Digital. Ouvidora Financeira certificada pela Ancord, professora de cursos na Faculdade Legale, i9 Educação e Sebrae, pós-graduada em Direito Internacional e Direito Corporativo e Compliance pela EPD (Escola Paulista de Direito), e em Direito Extrajudicial, Direito Público, Direito Constitucional Aplicado e Direito Empresarial pela Faculdade Legale. Licenciada em Sales Management and Negotiation no College of Business da The University of Akron e Mestranda em Derecho y Negocios Internacionales pela Universidad Europea del Atlántico em Santander – Espanha.

"O coração do homem considera o seu caminho, mas o Senhor lhe dirige os passos." – Provérbios 16:9

Parte 1: O início da Jornada

Quando recebi o convite da Editora Leader para participar deste projeto, confesso que fiquei extremamente surpresa e por um lapso temporal pensei em recusar o convite, já que existem profissionais (como as demais coautoras) com muito mais experiência acadêmica, técnica e temporal que eu.

Porém, após uma breve oração, recordei-me da história de Josué, que ao ser levantado como líder do povo de Israel e sofrer com a síndrome do impostor por diversos momentos, foi exortado por Deus ordenando-o a esforçar-se e ter bom ânimo, que, em latim, significa **coragem!**

Meses antes do convite, até mesmo tatuei em um dos meus braços o versículo de Josué 1:9 que diz: *"sê forte e corajoso; não temas, nem te espantes; porque o Senhor teu Deus é contigo, por onde quer que andares"*.

Esta introdução é extremamente importante para entender a minha jornada até aqui, pois a Juliana de 2009, recém-ingressa no curso de Direito e estagiária de um escritório que atuava para um grande banco à época, jamais poderia pensar que em tão pouco tempo de profissão poderia alcançar lugares inimagináveis.

Nesse escritório foi onde tive o primeiro contato com o mercado financeiro, cuja paixão não foi imediata. O segmento bancário ainda era extremamente tradicional, e a palavra *fintech* era uma realidade não tão presente no Brasil. Posteriormente, atuei em um escritório consumerista no segmento bancário por alguns anos, e pouco tempo após formada tive a oportunidade de advogar exclusivamente para o Banco do Brasil, permeando por outras áreas como educacional, imobiliário, varejo e franquias.

Porém, o mercado tradicional não me atraía, já que os assuntos relacionados à tecnologia e inovação faziam meu coração bater forte e sempre que havia algum evento com este tema eu arrumava um jeito de participar.

Então, em 2018, tive a oportunidade de sair do mercado tradicional e ingressar em uma *fintech* de pagamentos, cujo principal *business* era o *cashback*, lá eu era responsável pela consultoria regulatória e contratos empresariais, principalmente entre os franqueados.

Já em 2019, tive a honra de ser convidada para atuar em outra *fintech*, realizando, a princípio, o papel de ponte entre o time comercial e jurídico a fim de viabilizar negócios. Tratava-se de uma instituição de pagamento (IP), cujos principais produtos eram contas de pagamento *white label* e *payments*.

Foi lá que se iniciou a minha jornada no Direito Tributário, já que a estrutura do Departamento Jurídico, por ser de uma empresa de tecnologia, era extremamente enxuta, e a minha proximidade com a área de negócios trouxe de forma orgânica assuntos tributários, a princípio simples, que se tornaram depois uma verdadeira estrutura de planejamento com impacto milionário para a companhia.

Diante da agilidade deste mercado, e o perfil *hands on* necessário ao profissional deste setor, em pouco tempo assumi a liderança do Departamento Jurídico, a princípio sob a gestão da Mareska Tiveron, a quem muito agradeço pela confiança e oportunidade dada no início da minha carreira no mercado de meios de pagamento, e posteriormente pela Sabrina Funchal, atual Head do Regulatório do PicPay, a quem agradeço imensamente por toda mentoria, liderança e amizade.

Passando para a parte prática, enxergamos algumas oportunidades, que buscarei elencar de forma breve a seguir.

Parte 2: Implementação na Prática

O Direito Tributário, ao contrário do que a maioria dos operadores do Direito pensa, é uma área extremamente prazerosa, inovadora e cheia de oportunidades, visto que a complexidade de normas publicadas nem sempre acompanha a inovação e discussões do mercado.

Desta forma, é comum ouvirmos a expressão "grandes teses tributárias", mas nem sempre é necessário ingressar no Judiciário para se valer de benefícios significativos.

Portanto, neste capítulo, vamos permear algumas discussões relevantes e ações práticas que podem ser adotadas a fim de trazer maior eficiência tributária, e o mais importante: legalmente.

2.1. Medidas genéricas que podem ser avaliadas por qualquer empresa

a) Domicílio fiscal

As empresas de tecnologia geralmente são prestadoras de serviços, sendo tributadas pelo ISS. É sabido que o ISS é um tributo municipal que possui alíquotas que variam de 2% a 5% a depender do município no qual a empresa está sediada.

Neste sentido, uma ação extrajudicial que pode ser tomada é a mudança do domicílio fiscal de um município para outro que tenha uma alíquota mais atrativa.

Na impossibilidade dessa mudança, um caminho a ser tomado, **avaliando-se os devidos riscos**, de acordo com cada modelo de negócios, e sob a consulta de um bom tributarista, é realizar um plano de desmembramento do poder decisório e receita entre municípios, a fim de minimizar riscos de questionamentos do Fisco local que terá a sua arrecadação diminuída em detrimento de outro município.

b) Folha de Pagamento

Não são poucas as oportunidades que podem ser exploradas no âmbito previdenciário. Dentre elas, podemos salientar:

i. Contribuição de terceiros limitado a 20 salários mínimos

O STJ, em algumas decisões proferidas, limitou a base de cálculo do salário educação e das contribuições ao Sistema "S" em 20 salários mínimos, sendo que as empresas geralmente calculam essas contribuições sobre o valor total da folha de pagamento. Esta limitação foi inicialmente instituída pelo artigo 4º da Lei 6.950/81. Desta forma, se o recolhimento supera este teto, há a oportunidade de se pleitear a restituição dos valores recolhidos nos últimos cinco anos, bem como obter decisão para que se aplique a base de cálculo para os recolhimentos futuros.

ii. Contribuição RAT/SAT

A contribuição de Riscos Ambientais do Trabalho (RAT) substituiu o termo SAT (Seguro Acidente do Trabalho), e trata-se de contribuição destinada para custos que a Previdência possui com vítimas ocupacionais e de acidentes do trabalho.

A sua alíquota é mensurada de acordo com o risco que a empresa apresenta, levando em consideração a sua atividade econômica.

Considerando que o risco de acidente do trabalho de uma empresa de tecnologia pode ser considerado baixo, caso a empresa esteja desenquadrada, é possível solicitar o reenquadramento a fim de diminuir a alíquota desta contribuição.

iii. Contribuição Previdenciária Patronal

Esta contribuição, de acordo com a legislação e jurisprudência dos Tribunais, deve ser recolhida sobre os valores pagos com habitualidade, porém a maioria das empresas calcula sobre a "folha total", desta forma, é possível realizar uma revisão a fim de excluir da base de cálculo valores como o IRPF retido na fonte, previdência privada, PL, VR, VT, prêmios, auxílios, bônus, ajudas de custo, aviso prévio indenizado, dentre outras verbas de natureza indenizatória.

c) Exclusão do ISS e do ICMS da base de cálculo do PIS/COFINS

Ambas as teses foram amplamente debatidas no Judiciário, em processos apartados, mas possuem basicamente o mesmo fundamento: que o ISS e o ICMS não integram o faturamento da empresa, desta forma não devem compor a base de cálculo do recolhimento do PIS/COFINS.

Estes temas devem ser bem avaliados, bem como deve haver acompanhamento da jurisprudência a respeito a fim de verificar o cabimento de medida judicial a fim de reaver o valor pago nos últimos anos, assim como a aplicação da medida para recolhimentos futuros.

d) Créditos de insumos no PIS/COFINS

Os créditos de insumos de PIS/COFINS são mecanismos que

permitem às empresas deduzirem da sua base de cálculo do PIS e da COFINS os valores pagos na compra de insumos necessários à produção ou prestação de serviços.

Os insumos são definidos como bens ou serviços utilizados na produção ou fabricação de outros produtos ou na prestação de serviços. Exemplos de insumos que geram créditos de PIS/COFINS são matérias-primas, embalagens, energia elétrica, serviços de limpeza, manutenção e conservação de máquinas e equipamentos.

Ao fazer a apuração do PIS/COFINS, a empresa pode deduzir do valor devido o montante correspondente aos créditos de insumos adquiridos, reduzindo, assim, a sua carga tributária. No entanto, é importante destacar que existem limitações e restrições para a utilização desses créditos, sendo necessário observar as regras previstas na legislação.

No caso das empresas de tecnologia, existem fortes argumentos para o creditamento de valores despendidos com a adequação à LGPD, inclusive já existem decisões judiciais a este respeito. Neste sentido, a empresa, com o apoio de um tributarista, pode analisar os custos da companhia a fim de verificar quais insumos podem ser creditados na PIS/COFINS.

2.2. Assuntos tributários específicos sobre o mercado de meios de pagamento

Após breve passagem por temas que podem ser analisadas por uma empresa de qualquer segmento, passamos à análise dos assuntos tributários atinentes ao mercado de meios de pagamento.

Conforme explanado no início deste capítulo, nosso sistema tributário é extremamente complexo, tanto do ponto de vista normativo, quanto procedimental e o mercado de meios de pagamento, por ser extremamente atrelado à tecnologia, é inovador. Desta forma, há o desafio quanto à interpretação e aplicação da norma ao fato jurídico, fazendo com que o profissional que atua neste segmento tenha habilidade técnica como *hard skill* e capacidade de adaptação e visão estratégica como *soft skills*.

Passamos então aos temas mais discutidos neste mercado.

a) Convênio ICMS e a responsabilidade solidária das IPs

O Convênio ICMS é um acordo celebrado com o objetivo de regulamentar a cobrança do Imposto sobre Circulação de Mercadorias e Serviços em operações interestaduais. Ele define as regras de tributação e as obrigações fiscais dos contribuintes envolvidos nas operações.

No caso das IPs, o Convênio ICMS 134/2016 dispõe sobre o fornecimento de informações prestadas por instituições e intermediadores financeiros e de pagamento, relativas às transações com cartões de débito, crédito, *private label*, transferência de recursos, transações eletrônicas do Sistema de Pagamento Instantâneo e demais instrumentos de pagamento eletrônicos, bem como sobre o fornecimento de informações prestadas por intermediadores de serviços e de negócios referentes às transações comerciais ou de prestação de serviços intermediadas, realizadas por pessoas jurídicas ou pessoas físicas.

Neste caso, as IPs possuem a responsabilidade de prestar algumas informações ao Fisco, podendo ser responsabilizadas solidariamente pela cobrança e pagamento do ICMS nas operações realizadas pelos seus clientes, como empresas de *e-commerce*, *marketplaces* e outras empresas que realizam vendas a distância. Isso significa que, se a empresa cliente não recolher o ICMS devido, a IP pode ser responsabilizada pelo pagamento do tributo, juntamente com o contribuinte infrator.

Para evitar problemas com a fiscalização e garantir o cumprimento das obrigações tributárias, as IPs devem estar atentas às regras do Convênio ICMS e à legislação tributária aplicável às suas atividades, além de promoverem ações de controle e monitoramento para garantir o recolhimento adequado dos tributos por seus clientes.

Trata-se de penalidade altamente questionável, tanto do ponto de vista prático, quanto constitucional, que pode ser avaliado pelo time tributário da IP.

b) Recolhimento do ISS no domicílio do tomador do serviço

A Lei Complementar n.º 175/2020 trouxe regras para o recolhimento do ISS pelas empresas de tecnologia que prestam serviços de pagamento. Antes desta lei havia muita discussão sobre qual município teria direito a arrecadar o ISS nessas operações, já que muitas vezes havia divergências entre o local da sede da empresa e o da prestação do serviço.

Após a publicação, ficou estabelecido que o ISS deve ser recolhido no município onde o tomador do serviço está localizado, ou seja, onde o cliente que realizou a transação de pagamento está sediado. Essa regra se aplica tanto às empresas que prestam serviços de pagamento quanto às subcredenciadoras.

Para viabilizar o cumprimento dessa obrigação tributária, a LC nº 175/2020 criou uma série de regras e procedimentos que devem ser observados pelas empresas de pagamento, onerando-as com diversas obrigações acessórias, tais como cadastramento em cada município e utilização de plataforma eletrônica desenvolvida pelo município ou por consórcio de municípios.

Tal medida tem por objetivo a divisão da receita entre os arrecadadores, sendo que as regras para o recolhimento do ISS das IPs variam de acordo com a legislação de cada município. Por isso, é fundamental que as empresas de pagamento estejam atentas às regras locais e busquem o auxílio de profissionais especializados em tributação para garantir o cumprimento correto das obrigações fiscais.

Porém, existem teses e argumentos robustos para defender o recolhimento na sede do prestador de serviços, além de apresentação de ADI que busca discutir a inconstitucionalidade da lei, cuja liminar foi concedida para suspender os seus efeitos.

Portanto, as empresas devem estar atentas ao andamento da ação bem como medidas cabíveis a fim de mitigar os riscos envolvidos nesta regra que estipula o recolhimento em cada município que presta serviços em um país de tamanho continental como é o Brasil.

c) Créditos do ICMS sobre os POS remetidos em comodato

Os POSs ou *Point of Sale* são equipamentos de extrema importância para a indústria de pagamentos, visto que são o instrumento utilizado na captura para a realização das transações com cartão.

Geralmente estes equipamentos são ativos imobilizados e cedidos em comodato em função de uma condição comercial diferenciada. Entretanto, essa remessa gera uma série de discussões acerca do recolhimento do tributo.

O STF, através da Súmula 573, dispôs que *"não constitui fato gerador do imposto de circulação de mercadorias a saída física de máquinas, utensílios e implementos a título de comodato".* Desta forma, sua simples remessa a título de comodato não constitui fato gerador do imposto estadual e isto está pacificado. O ponto de discussão é sobre o direito ao crédito pago na entrada do ativo, visto que para a realização do crédito deve haver uma saída tributada.

O STF, quando do julgamento do Tema 1052, pacificou o entendimento acerca da possibilidade de apropriação de crédito decorrente de ativo cedido em comodato para consecução da atividade-fim para empresas de telefonia, o que pode ser aplicado por analogia às IPs que se utilizam do mecanismo citado em suas operações.

Parte 3 – Conclusão

Neste capítulo busquei abordar brevemente algumas medidas que podem ser tomadas por profissionais, que assim como eu estão no desafio de buscar maior eficiência tributária em uma empresa de tecnologia, principalmente instituições de pagamento.

Vale lembrar que todas estas ações não foram tomadas exclusivamente por mim, tive o apoio de profissionais incríveis que me auxiliaram, orientaram e desenharam estratégias de uma forma orgânica e contínua; neste sentido, deixo meu agradecimento a mais uma mulher especial que é a Jéssica Silva, contabilista incrível, com extremo conhecimento do mercado.

Por fim, gostaria de deixar a mensagem de que tudo é possível aos olhos de quem crê, que toda a sabedoria provém de Deus e que nenhum conhecimento é tão inacessível que não possa ser adquirido; então se você já conhece este mercado, espero ter contribuído um pouco com a minha experiência. Já você que quer adentrar e tem receio, lembre-se que *"o coração do homem considera o seu caminho, mas o Senhor lhe dirige os passos"*. Apenas esforce-se, seja corajosa e tenha fé que sem dúvidas este universo tributário será uma aventura apaixonante.

Shalom!

A Relevância do Direito Tributário nas Decisões de Investimentos

LINKEDIN

Juliana Dib Rigo Luzardo Aguiar

Empreendedora. Advogada. Contadora. Consultora tributária há 30 anos de empresas nacionais e estrangeiras de diversos setores da economia. É sócia da Eximia Tax e do B2CR Advogados. Ex-sócia da PriceWaterhouseCoopers. Graduada em Direito pela Unesp (Universidade Estadual Paulista "Júlio de Mesquita Filho"). Graduada em Ciências Contábeis pela PUC/MG (Pontifícia Universidade Católica). Pós-graduada em Direito Empresarial LL.M no IBMEC. Extensão em Direito Tributário no Curso Avançado de Jurisprudência Tributária ministrado pelo PJT - Projeto Jurisprudência Tributária e ABDF – Associação Brasileira de Direito Financeiro. Casada com Pedro Marcelo há 28 anos, mãe de Pedro Arthur há 17 anos e tutora de três cachorros lindos.

"As mulheres são o maior reservatório inexplorado de talento que há no mundo." – Hilary Clinton

Parte 1 – O Ponto de partida do reservatório inexplorado

Escrever um artigo sobre mentoria é uma honra e uma experiência maravilhosa, pois nos leva a refletir sobre a nossa própria trajetória e a buscar algo que possa ser compartilhado e inspirador a outras pessoas.

Ao fazer a minha retrospectiva desde a minha infância até os dias atuais, eu constatei que nunca imaginei nem planejei alcançar o que eu alcancei.

Uma menina nascida em Ribeirão Preto, no interior de São Paulo, na década de 70, em uma família de classe média na qual a esmagadora maioria das mulheres não fizeram universidade e se dedicavam a tarefas do lar. O mundo era totalmente analógico e as informações chegavam pelos jornais impressos e pela TV aberta. Então, eu sempre me questionei de onde veio o incentivo, a inspiração e a influência de seguir um caminho diferente e conquistar uma carreira profissional em uma grande capital do país.

Acredito que a escola de freiras salesianas em que estudei,

onde a maioria dos alunos eram mulheres, tenha contribuído de algum modo. Mas penso que tudo decorre da minha genuína vontade de crescer como pessoa e profissional. De provar para mim mesma que eu era capaz. Um detalhe importante a ser dito: eu nunca cogitei que ser mulher poderia atrapalhar nessa trajetória. Nunca tive a percepção das questões de gênero que hoje são amplamente debatidas pela sociedade. Tudo foi acontecendo naturalmente e os caminhos foram se abrindo.

Decidi estudar Direito aos 18 anos em uma universidade pública (Unesp), portanto, saí da casa dos meus pais e morei com amigas em uma república na cidade de Franca, interior de São Paulo. Esse foi um momento de aprendizado e crescimento pessoal e um preparo para a vida profissional.

Fiz estágio em um dos melhores escritórios da cidade e lá tive o primeiro contato com o Direito Tributário. Fiquei curiosa e achei desafiador, pois apenas o sócio principal atuava nessa área. Havia um sentimento de que era algo difícil.

No último ano da faculdade, eu tive a inspiração definitiva para seguir na área tributária: aulas com a minha professora de Direito Tributário, Leila Paiva Morrison, que hoje é desembargadora no Tribunal Regional Federal da 3ª Região, a quem presto todas as homenagens pela sua competência e elegância. Ela me ensinou os primeiros passos para eu caminhar nessa estrada sem fim do Direito Tributário.

No último semestre da faculdade, eu ingressei como *trainee* em uma grande empresa internacional de auditoria e consultoria, dentre elas a consultoria tributária, na qual tenho o orgulho de ter permanecido por 23 anos e ter sido sócia no período de 2009 a 2015 no escritório do Rio de Janeiro, cidade que amo e onde moro desde 1996. Além disso, a experiência com a consultoria tributária me mostrou a importância da contabilidade para um tributarista, o que me fez cursar ciências contábeis e me tornou uma profissional mais preparada para avaliar questões complexas, aplicar o Direito Tributário na prática e atuar no mundo corporativo.

Nesse ponto eu abro um parêntese para dizer que nesses 23 anos atuando em uma empresa global e, diariamente, em contato com o mundo corporativo, eu pude perceber e constatar as dificuldades relacionadas às questões de gênero, mas isso não me desanimou, pelo contrário, só me deu força para continuar a caminhada, sendo que tenho muito orgulho de dizer que eu fui uma das dez sócias mulheres da empresa do Brasil dentre os 110 sócios brasileiros que atuavam naquela época.

Em novembro de 2015 eu decidi mudar a minha vida e tomei a decisão de empreender. Para isso eu tive que tomar uma das decisões mais difíceis da minha vida que foi renunciar à minha posição de sócia de uma grande empresa internacional e começar praticamente do zero.

A decisão de empreender foi difícil, mas acertada. Em novembro de 2015 embarquei em um projeto de desenvolver uma empresa de consultoria tributária em parceria com meus atuais sócios e temos a satisfação de comemorar os dez anos da Eximia Tax em 2024.

Ao revisitar a minha trajetória, percebo que tudo foi encaixando-se naturalmente porque um sentimento maior me guiou, que foi o de acreditar que eu era capaz de superar os desafios e alcançar os meus sonhos com muita transpiração. Ciente de que o trabalho árduo, a disciplina e a dedicação foram fundamentais na minha vida eu termino citando uma mulher empreendedora que escolheu perfumar as nossas vidas:

"Nunca sonhei com sucesso, trabalhei para isso." – Estée Lauder.

Parte 2 – O Direito Tributário na prática – modelagem financeira e tributária

Nesse artigo escolhi compartilhar a minha experiência em consultoria tributária com trabalhos de modelagem financeira de novos empreendimentos, pois considero esse trabalho de grande importância na tomada de decisão de investidores sobre a aplicação de recursos em novos projetos, ou seja, algo que impacta a sociedade positivamente pois está atrelado a mais investimentos que revertem em mais riqueza e mais empregos para a sociedade.

A minha escolha por esse tema se deu porque é um dos trabalhos que eu mais gosto de fazer, por ser desafiador, complexo, multidisciplinar e dinâmico, além de permitir ao tributarista aplicar na prática todo o seu conhecimento do sistema tributário nacional, pois abrange todos os tributos desde os princípios constitucionais até as instruções normativas e portarias dos órgãos executivos. Portanto, um trabalho de alto valor agregado em que é possível verificar o seu resultado de forma bem objetiva mediante a tomada de decisão do investidor em seguir ou não com o investimento. Então vamos falar dele.

Todos sabemos, mesmo que empiricamente, que o nosso sistema tributário é complexo e impõe uma carga tributária muito elevada à sociedade.

Nesse contexto, os impactos tributários em qualquer transação devem ser analisados minuciosamente, ainda mais quando se trata de vultosos investimentos.

Por isso, um investidor, antes de tomar sua decisão de investir em um negócio, precisa avaliar o retorno do capital investido, o que normalmente ocorre através de análises financeiras com a elaboração de um modelo financeiro de longo prazo que permita estimar os resultados esperados desse negócio, cujos aspectos tributários são considerados relevantes.

O modelo financeiro projeta, com base em dados realistas conhecidos pelo investidor naquele momento, todos os custos de implantação do empreendimento, como o custo de aquisição dos ativos fixos (máquinas e equipamentos) de construção e montagem, bem como projeta os resultados operacionais esperados considerando as receitas, os custos e o lucro que serão obtidos ao longo do tempo com o propósito de avaliar e concluir se o investimento é viável e se dará o retorno almejado.

Considerando a alta carga tributária brasileira, é crucial que a modelagem financeira apure todos os custos tributários do negócio, sendo que, na minha experiência, os custos tributários muitas vezes são determinantes na tomada de decisão. Uma alíquota, um crédito tributário, um incentivo fiscal podem fazer toda a diferença no resultado do projeto.

Assim, se torna imprescindível que um especialista tributário apoie a elaboração das análises financeiras indicando as incidências tributárias em cada operação projetada de modo a elaborar uma matriz tributária para o empreendimento. Para tanto, é necessário conhecer todas as caraterísticas do negócio desde a sua estrutura de capital até as características operacionais, as quais são imprescindíveis para se ter uma visão adequada dos tributos incidentes e dos incentivos fiscais aplicáveis.

Portanto, o primeiro passo será compreender de forma ampla a operação que se pretende analisar, identificando pormenores que fazem a diferença na tributação em duas perspectivas: (i) investimentos em bens de capital (*CAPEX – capital expenditure*) que são incorridas na fase de implantação do investimento; e (ii) despesas operacionais que serão incorridas na fase de produção (*OPEX – operational expenditure*).

Além das despesas, o modelo financeiro também projeta as receitas que serão geradas e, por conseguinte, os tributos incidentes sobre as receitas e o lucro.

A seguir listo os principais aspectos que devem ser avaliados na elaboração de uma matriz tributária de um novo empreendimento, tendo em mente que essa matriz será um insumo valioso para os contadores e financistas transformarem em números as incidências tributárias e obter uma estimativa dos custos tributários do empreendimento:

i) A estrutura de capital para financiamento do empreendimento é relevante na análise tributária, especialmente se for financiado por capital de terceiros. O financiamento do projeto com entidade estrangeira, seja instituição financeira ou parte relacionada no exterior, pode deflagrar a incidência de imposto de renda na fonte sobre os juros remetidos ao exterior, bem como a incidência de IOF, cujos custos são normalmente assumidos pela empresa brasileira contratante do financiamento. Também pode haver custos tributários de IRF e IOF se o financiamento for realizado por pessoa jurídica brasileira não enquadrada como instituição financeira (normalmente empresa do mesmo grupo econômico). Em havendo alternativas distintas de financiamento por parte do investidor, os custos tributários de cada uma delas deve ser apresentado para a tomada de decisão da melhor alternativa a ser escolhida;

ii) A estrutura de contratação dos fornecedores de máquinas e equipamentos e de construção civil da planta dever ser avaliada. Isso porque uma compra direta de um bem/produto pode ter consequências tributárias distintas de uma compra através de um fornecedor de empreitada global (contratos *turn key*). Normalmente o modelo de contratação de empreitada global é o que requer mais cuidado, pois em determinadas situações esse tipo de contratação pode gerar bitributação, bem como impedir a apropriação de créditos tributários pelo empreendimento, ou ainda afetar a fruição de incentivos fiscais federais, estaduais e/ou municipais que muitas vezes são aplicáveis apenas ao empreendimento e não aos fornecedores, cabendo ao tributarista avaliar as alternativas disponíveis para reduzir custos e mitigar riscos tributários;

iii) As operações de aquisição de máquinas, equipamentos e de serviços aplicados no período de construção do empreendimento devem ser avaliadas com cuidado, principalmente no que tange à fruição de incentivos fiscais nas esferas federal, estadual e municipal. Equipamentos importados podem beneficiar-se de incentivos caso não haja produção nacional de equipamentos similares (*ex tarifarium*). Além disso, é muito comum que os estados concedam benefícios fiscais para atrair investimentos para seus territórios. Portanto, uma das análises que deve ser feita diz respeito à vantagem de se adquirir bens nacionais ou importados ou ainda à melhor localidade para se implantar o empreendimento, levando-se em conta os benefícios fiscais concedidos por estados e municípios; Os incentivos fiscais aplicáveis aos bens de capital são, na maioria das vezes, o que faz a diferença na decisão do investimento;

iv) Passando para a fase operacional do empreendimento, deve ser feita a avaliação dos tributos incidentes sobre as receitas que serão geradas. Cada atividade terá as suas particularidades em termos de incidências tributárias a depender da natureza da receita (receita de venda de bens, serviços, aluguel, etc.) ou tipo de produto (energia, alimentos, cigarro, serviços de telecomunicações, etc.). Também é importante avaliar se as vendas serão destinadas ao mercado interno ou externo, bem como outras características que possam afetar a tributação, como a imunidade, alíquotas, incentivos fiscais, substituição tributária, etc.;

v) Ainda sobre a fase operacional, devem ser avaliados os principais custos e despesas com matérias-primas e insumos aplicáveis na atividade produtiva para identificar se os tributos incidentes sobre essas aquisições poderão reverter-se em créditos tributários para o empreendimento (tributos não-cumulativos). Isso costuma ser relevante não apenas para se determinar o impacto sobre o lucro que será gerado, mas também sobre o fluxo de caixa do empreendimento;

vi) Deve-se ainda ficar atento às especificidades regulatórias de cada atividade que podem gerar taxas ou encargos para o negócio, por exemplo, e sem restringir-se a isso, o setor de energia elétrica e telecomunicações que tem diversos tipos de encargos regulatórios que impactam nos custos finais das operações.

Esse é um pequeno resumo dos diversos aspectos que envolvem um trabalho de tamanha abrangência. Mas acredito que esse resumo poderá ajudar a estabelecer uma diretriz para quem fará isso pela primeira vez. Caberá ao leitor aprofundar-se e pesquisar cada um dos tópicos mencionados e descobrir que há um universo sem-fim de possibilidades a serem descobertas dentro da legislação tributária aplicáveis a inúmeras atividades que podem ser objeto de análises desse tipo. Portanto, mãos à obra!

Parte 3 – Conclusão – o tributo cumpre o seu propósito na medida certa

O direito tributário foi uma escolha que me abriu muitas portas, inclusive a de escrever esse artigo a você leitor, a quem sou grata por ter chegado até este ponto.

Então me permita concluir falando um pouco sobre essa ciência que é importante para a vida de todo cidadão, pois o tributo é imprescindível para a existência de uma sociedade organizada. É forma de financiar o estado, de prestar serviços à população, de investir em infraestrutura coletiva, e o mais importante, tem o papel de distribuir renda.

Trabalhar com esse tema é desafiador especialmente porque há sempre "dois lados da moeda", o de quem paga e o de quem arrecada tributos. Sendo assim, nós tributaristas temos o papel fundamental de buscar a justiça e a equidade nessa "queda de braços" entre estado e contribuintes tudo dentro da lei e da ética. Portanto, nosso lema deve ser: *"Dai a Cesar o que é de Cesar"* (Mateus 22-21), nem mais nem menos, pois, se não for assim, a lei não será cumprida, não haverá justiça e o tributo arrecadado não cumprirá o seu propósito.

Nessa jornada, cada um tem o seu papel. O direito tributário permite atuações muito diferentes que podem ser compatíveis com diversos perfis profissionais, por exemplo, em cargos públicos na Receita Federal e nas Secretarias de fazenda, Procuradorias nas diversas esferas, ou no setor privado em bancas de advocacia que atuam no contencioso administrativo e judicial, advocacia corporativa, consultoria, que é a minha especialidade, dentre outras. Caso você seja um estudante de Direito e se interessa pelo Direito Tributário, avalie em qual desses papéis você se encaixa e siga o seu desejo genuíno na busca de seus sonhos e nas suas realizações pessoais e profissionais. Basta identificar qual é a sua aptidão.

Se você não for um estudante de Direito, nem mesmo da área jurídica, mas chegou até aqui, espero que algo tenha sido útil para você, um aprendizado novo, a constatação de algo que já sabia, mas não tinha consciência em relação à nossa profissão de tributarista.

Romanos 13:7-8: "Dai a cada um o que lhe é devido: a quem tributo, tributo; a quem imposto, imposto; a quem temor, temor; a quem honra, honra. A ninguém devais coisa alguma, senão o amor recíproco; pois quem ama ao próximo tem cumprido a lei".

Desafios e Conquistas: O Caminho da Advocacia Tributária Feminina na Prática

LINKEDIN

Katia Locoselli Gutierres

Advogada especialista em Direito Tributário pelo IBET/SP (Instituto Brasileiro de Estudos Tributários), com MBA em Gestão Tributária pela FIPECAFI/SP (Fundação Instituto de Pesquisas Contábeis, Atuariais e Financeiras). Mestre em Direito Constitucional e Processual Tributário pela PUC/SP (Pontifícia Universidade Católica). Integrante do Women's Law Network e do Grupo de Estudos "Pacto Federativo, Tributação e Financiamento dos Direitos Sociais" da Universidade Mackenzie. Sócia da área tributária do Barcellos Tucunduva Advogados.

Introdução

Quando fui convidada a escrever este artigo, fiquei pensando em como poderia contribuir de forma prática com a formação das leitoras e logo pensei em um *case* do início de minha carreira, que tratava do alargamento da base de cálculo da Contribuição ao PIS e da COFINS, levado a efeito pelo art. 3º, § 1º, da Lei n.º 9.718/98, sobre o qual discorrerei a seguir.

O objetivo deste capítulo não se restringe apenas aos aspectos técnicos da matéria tributária a ser tratada, mas abrange, especialmente, questões práticas da advocacia feminina que merecem uma abordagem mais específica, tais como captação de clientela em um mercado ainda muito dominado pelos homens e condução do processo perante um Poder Judiciário composto, em sua maioria, por magistrados do sexo masculino.

De acordo com pesquisa realizada pelo Conselho Nacional de Justiça (**CNJ**) no ano de 2018, o Poder Judiciário brasileiro era composto em sua maioria "por magistrados do sexo masculino, com apenas 38,8% de magistradas em atividade. A participação feminina na magistratura é ainda menor se considerarmos o total de magistrados que atuaram nos últimos dez anos, com 37,6%".[1]

---
[1] Disponível em: https://www.cnj.jus.br/wp-content/uploads/2021/08/relatorio--participacaofeminina.pdf. Acesso em: 15 jun. 2023.

O *case* que será tratado neste artigo teve início no ano de 2006, de modo que, embora não tenham sido colhidas estatísticas daquela época, pode-se inferir que, naquele ano, o cenário era no mínimo igual se não pior àquele identificado na pesquisa realizada pelo CNJ em 2018.

Espero que este artigo sirva de inspiração a todas as mulheres que desejam militar na área tributária, cientes de que, de minha experiência pessoal, são capazes de superar todas as dificuldades que serão expostas a seguir, especialmente se houver sororidade na advocacia tributária feminina.

1 – O início do processo

O *case* que será tratado neste texto refere-se à tese da inconstitucionalidade do alargamento da base de cálculo da Contribuição ao PIS e da COFINS, que fora instituído pelo art. 3º, § 1º, da Lei n.º 9.718/98.

O referido dispositivo legal classificava como receita bruta, para fins de tributação do PIS e da COFINS, "a totalidade das receitas auferidas pela pessoa jurídica, sendo irrelevantes o tipo de atividade por ela exercida e a classificação contábil adotada pelas receitas".[2]

Tal previsão legal importou distorção ao conceito constitucional de faturamento, passando a abranger não apenas as receitas provenientes da prestação de serviços/venda de mercadorias, mas a totalidade das receitas auferidas pelas empresas.

Diante disso, as empresas passaram a valer-se de ação judicial para afastar a ampliação indevidamente levada a efeito pelo referido art. 3º, § 1º, da Lei n.º 9.718/98, sendo que essa tese passou a representar excelente oportunidade tributária.

---

[2] Disponível em: https://www.planalto.gov.br/ccivil_03/leis/l9718.htm. Acesso em: 19 jun. 2023.

E foi justamente com base nessa tese que dei os meus primeiros passos na advocacia tributária.

O que não nos ensinam nas faculdades de Direito, entretanto, é que o processo não se inicia apenas com a distribuição da ação, havendo um longo percurso comercial até chegar a essa fase, que requer igual ou até maior preparo técnico.

A oportunidade de explorar a tese relativa à inconstitucionalidade do art. 3º, § 1º, da Lei n.º 9.718/98 surgiu por meio de indicação de um colega, que me apresentou a um diretor de uma sociedade corretora de valores mobiliários.

Naquela época (ano de 2006), eu advogava de forma autônoma e havia concluído a graduação há apenas três anos. Diante desse cenário, senti-me insegura em realizar sozinha a primeira reunião com esse *prospect*. Mas essa insegurança não era apenas pelo meu pouco tempo de formada, tinha origem no fato de eu ser mulher e me sentir incapaz de conduzir uma reunião sozinha apenas com homens do setor financeiro.

Para amenizar essa insegurança, convidei um colega homem para participar da reunião comigo. Não obstante, ao longo do percurso para fechamento do contrato de honorários, percebi que eu era sim capaz de conduzir aquela prospecção sozinha. Na verdade, enxerguei que eu estava muito mais preparada do que o meu colega para expor a tese tributária ao *prospect*.

O primeiro passo, portanto, para iniciar o processo na advocacia tributária feminina é a confiança de que nós mulheres podemos desenvolver nosso lado comercial e somos plenamente capazes de conduzir uma reunião apenas com homens na sala.

Essa confiança, obviamente, deve estar alicerçada em um estudo profundo do tema que será exposto, lembrando que não há nenhum problema em ter que aprofundar a análise para responder posteriormente eventual pergunta que nos seja endereçada durante a reunião.

Aliás, lembro que na reunião o *prospect* pediu que eu detalhasse os efeitos financeiros da tese, cujos dados eu não tinha naquele momento. Fiz a lição de casa e entreguei posteriormente o que havia me pedido, fechando a contratação.

2 – O meio do processo

O processo desenrolou-se muito bem em primeira instância, com sentença favorável à tese de inconstitucionalidade do art. 3º, § 1º, da Lei n.º 9.718/98, garantindo ao cliente o direito de recolher a Contribuição ao PIS e à COFINS apenas sobre as receitas decorrentes da sua atividade operacional, bem como a possibilidade de reaver, via compensação, os valores indevidamente recolhidos nos últimos cinco anos que antecederam ao ajuizamento da ação.

Em segunda instância, contudo, houve parcial reforma da sentença. O desembargador relator, embora tenha reafirmado a inconstitucionalidade do art. 3º, § 1º, da Lei n.º 9.718/98, acabou por acolher um argumento falaciosamente apresentado pela Procuradoria da Fazenda Nacional (PGFN), de que o benefício econômico do caso estaria limitado à vigência das Leis n.º 10.637/2002 e 10.833/2003, que instituíram, respectivamente, a sistemática não cumulativa de apuração da Contribuição ao PIS e da COFINS.

Ocorre que as referidas leis são inaplicáveis às sociedades corretoras de valores mobiliários que, por força de disposição expressa na Lei n.º 9.718/98, estão necessariamente sujeitas à sistemática cumulativa para apuração das referidas contribuições.

Para corrigir essa impropriedade foram opostos embargos de declaração, que optei por despachar tendo em vista a relevância do tema.

Entretanto, a recepção do desembargador relator foi um tanto quanto conturbada: após ouvir meus argumentos, o eminente julgador começou a gritar, isso mesmo, gritar comigo, perguntando se eu estava sugerindo que ele havia se equivocado no julgamento.

Embora eu tenha ficado estupefata com aquela situação, consegui manter o equilíbrio e expliquei tranquilamente, mais uma vez, os pontos jurídicos ao eminente desembargador, ressaltando que, se a questão não fosse importante para o cliente e não tivesse fundamento, eu não estaria ali me submetendo àquela situação vexatória.

Retirei-me, então, da sala, percorrendo todo o extenso espaço que liga o gabinete do desembargador ao corredor do Tribunal, atenta aos olhares constrangidos e solidários dos servidores daquela Turma.

Fiquei pensando se o eminente desembargador teria aquela mesma postura agressiva perante um advogado homem. Enfim, mera conjectura.

Felizmente, tempos depois, tive a grata surpresa de os embargos de declaração serem acolhidos para corrigir o equívoco perpetrado no acórdão.

O segundo passo, portanto, para alcançar o sucesso na advocacia tributária feminina é a resiliência. Ao deparar-se com situações difíceis, o importante é manter o foco no resultado e seguir adiante, acreditando na sua capacidade técnica e de persuasão, não se deixando intimidar pelas vozes masculinas que ainda ecoam de forma prevalente no Judiciário brasileiro.

3 – Fim do processo?

Superado o entrave perante a Corte Regional, como era de se esperar, a PGFN recorreu ao Superior Tribunal de Justiça e ao Supremo Tribunal Federal, mas os recursos interpostos não foram acolhidos, transitando em julgado a decisão favorável ao meu cliente, em consonância com o entendimento pacificado pelo STF no Recurso Extraordinário (RE) n.º 585.235, de que "é inconstitucional a ampliação da base de cálculo da contribuição ao PIS e da COFINS prevista no art. 3º, § 1º, da Lei n.º 9.718/98" (Tema 110).

Como o cliente, de perfil mais conservador, optara por efetuar ao longo do processo o depósito judicial dos valores *sub judice,* relativos às receitas financeiras decorrentes da aplicação de recursos próprios (receitas não operacionais), o passo seguinte à certificação do trânsito em julgado foi requerer a expedição do alvará para levantamento dos valores depositados.

Apresentado o requerimento perante o MM. Juiz *a quo*, o magistrado houve por bem determinar a prévia oitiva da PGFN, que se manifestou favorável ao pleito.

Tendo em vista a expressa concordância da PGFN, foi expedido o alvará para levantamento dos valores depositados, que foram devidamente devolvidos ao cliente, que, por sua vez, efetuou o pagamento dos honorários de êxitos contratados.

Fim do processo? Deveria ser se houvesse respeito à segurança jurídica em nosso país.

Ocorre que, tempos depois, o meu cliente foi surpreendido com pendências para emissão de sua Certidão de Regularidade Fiscal, as quais, pasmem, correspondiam aos mesmos valores que tinham sido depositados ao longo do processo judicial em que se discutira a inconstitucionalidade do art. 3º, § 1º, da Lei n.º 9.718/98, não obstante terem sido levantados após expressa concordância da PGFN!

O argumento da PGFN, que prosseguiu com o ajuizamento do executivo fiscal em face do meu cliente, foi no sentido de que o levantamento dos depósitos teria ocorrido de forma indevida, na medida em que os valores depositados – relativos às receitas decorrentes de aplicações financeiras – corresponderiam ao faturamento (receita operacional) da sociedade corretora, por tratar-se de instituição financeira.

Ocorre que, apesar de equiparadas às instituições financeiras, as corretoras de valores não auferem receitas financeiras em sua atividade típica.

Segundo informação extraída do *site* do BACEN, "as corretoras e distribuidoras, na atividade de intermediação, oferecem serviços como plataformas de investimento pela internet (*home broker*), consultoria financeira, clubes de investimentos, financiamento para compra de ações (conta margem) e administração e custódia de títulos e valores mobiliários dos clientes. Na remuneração pelos serviços, essas instituições podem cobrar comissões e taxas".[3]

Portanto, a receita decorrente da aplicação financeira de recursos próprios da sociedade corretora, realizada por intermédio de um banco contratado para isso, a toda evidência, não é operacional, sendo certo que, nos termos da r. decisão transitada em julgado, não se sujeita à incidência da Contribuição ao PIS e à COFINS.

Decorridos mais de 15 anos, entretanto, a questão permanece *sub judice*, aguardando-se o julgamento do apelo fazendário contra a sentença que, acertadamente, extinguiu a ação executiva.

4 – Conclusão

O *case* que apresentamos refere-se ao entendimento pacificado pelo STF no Recurso Extraordinário (RE) n.º 585.235, de que "é inconstitucional a ampliação da base de cálculo da contribuição ao PIS e da COFINS prevista no art. 3º, § 1º, da Lei n.º 9.718/98" (Tema 110).

Embora o cliente tenha alcançado o trânsito em julgado favorável, em linha com o quanto decidido pelo STF no Tema 110,

---

[3] Disponível em: https://www.bcb.gov.br/pre/composicao/corretoras_distribuidoras.asp?frame=1. Acesso em: 19/06/ jun. 2023.

a discussão permanece *sub judice* tendo em vista o argumento fazendário de que o levantamento dos depósitos teria ocorrido de forma indevida, na medida em que os valores depositados – relativos às receitas decorrentes de aplicações financeiras – corresponderiam ao faturamento (receita operacional) da sociedade corretora, por tratar-se de instituição financeira.

Esse argumento, entretanto, não se sustenta, tendo em vista que a receita decorrente da aplicação financeira de recursos próprios da sociedade corretora, realizada por intermédio de um banco contratado para isso, a toda evidência, não é operacional, sendo certo que, nos termos da r. decisão transitada em julgado, não se sujeita à incidência da Contribuição ao PIS e à COFINS.

Além do aspecto técnico, o objetivo deste artigo foi demonstrar que o processo tributário é cheio de vicissitudes, que assumem uma feição peculiar no que tange à advocacia feminina, tendo em vista que ainda vivemos em um cenário predominantemente masculino tanto nos cargos decisórios das empresas, como no Poder Judiciário, o que requer uma resiliência adicional das mulheres que militam no contencioso tributário.

Felizmente, temos presenciado um movimento de sororidade muito positivo entre as mulheres que militam no Direito Tributário, com a criação de grupos de apoio, o que entendemos ser de suma importância para que esse cenário seja alterado.

A tributação sobre os combustíveis: sistemática de recolhimento, inovação legal e o direito de restituição de um caso legal

LINKEDIN

Laila Barros

Sócia-fundadora da Barros e Vitório Advogados. Atuou anteriormente por três anos na empresa Petronac Combustíveis no Departamento Jurídico de Direito Tributário e como consultora em diversos escritórios de advocacia.

Bacharel em Direito e especialista em Direito Tributário, Direito Administrativo e em Direito e Mercado de Capitais. Atualmente está cursando pós-graduação em Direito da Saúde e Hospitalar.

Vem dedicando-se ao estudo do direito à sanidade mental, bem como sobre possíveis curas para depressão e vícios em substâncias entorpecentes.

Casada com Francisco Ataíde, mãe de Maria Luísa e Davi. Nas horas vagas dedica-se às artes, tais como pintura em tela. Apaixonada por viagens e conhecer novas culturas.

Neste capítulo será explanada de forma sintética a sistemática de tributação dos combustíveis, inovações legislativas sobre o tema, bem como um caso prático vivenciado pela autora, no que tange especificamente à legalidade e constitucionalidade da cobrança de dois tributos sobre a compra e venda de combustíveis, quais sejam, a contribuição ao Programa de Integração Social e ao Programa de Formação do Patrimônio do Servidor Público – **PIS/PASEP** e a contribuição para o Financiamento da Seguridade Social – **COFINS**.

A comercialização de combustíveis no Brasil sofre a incidência de basicamente quatro tributos, sendo três deles de competência tributária federal, quais sejam, a contribuição ao **PIS/PASEP** e ao **COFINS**, ambos regulamentados pela Lei n.º 9.718/98, a Contribuição de Intervenção no Domínio Econômico incidente sobre as operações realizadas com combustíveis – **CIDE-Combustíveis,** prevista na Lei n.º 10.336/01, e o Imposto Sobre Circulação de Mercadorias e Prestação de Serviços – **ICMS**, sendo essa uma tributação de competência tributária estadual, estando regulamentada por meio da Lei Complementar n.º 87/1996, a denominada *Lei Kandir*.

Segundo a Federação Nacional do Comércio de Combustíveis e de Lubrificantes – Fecombustíveis, a tributação média no Brasil em **2021** girava em torno de 39% para a gasolina, 19,8% com relação ao diesel, 24,3% referente ao etanol, e 22,8% sobre o Gás Natural Veicular – GNV, conforme quadro explicativo abaixo:

	GASOLINA	DIESEL	ETANOL	GNV
TRIBUTAÇÃO Brasil : MÉDIA 2021	39,0%	19,8%	24,3%	22,8%
ICMS (imposto estadual, varia conforme o estado)	27,1%	13,8%	18,7%	14,3%
PIS/COFINS (imposto federal)	10,6%	6,0%	5,6%	8,5%
CIDE (imposto federal)	1,3%	0,0%	0,0%	0,0%

Com isso, em 2022, o preço da gasolina, por exemplo, estava atingindo patamares acima de **R$ 8,00 (oito reais)** o litro.

Em 2022, esse cenário mudou temporariamente, com a promulgação da Lei Complementar n.º 192/2022, a qual estabeleceu, dentre outros assuntos, a redução para **zero das alíquotas das contribuições ao PIS/PASEP e à COFINS**, até 31 de dezembro de 2022.

Já em 2023, conforme predispõe a Petrobras em sua plataforma on-line (2023), na composição de preços da gasolina, por exemplo, incide em média 22,6% de ICMS, 6,5% de impostos federais, 15,0 % de custo com o etanol anidro, produto que é obrigatoriamente adicionado à gasolina para consumo final nas bombas dos postos de gasolina, fora o custo de distribuição e revenda (18,3%) e a parcela de custos da Petrobras (37,6%) com ao processo de extração de refino do petróleo para transformação. Ou seja, **o preço da gasolina para o consumidor final, atualmente, chega a cerca de R$ 5,40 (cinco reais e quarenta centavos) o litro**[1].

---

[1] O preço médio da gasolina no Brasil pode variar diariamente. Este é o valor referente ao período de 11/06/2023 a 17/06/2023.

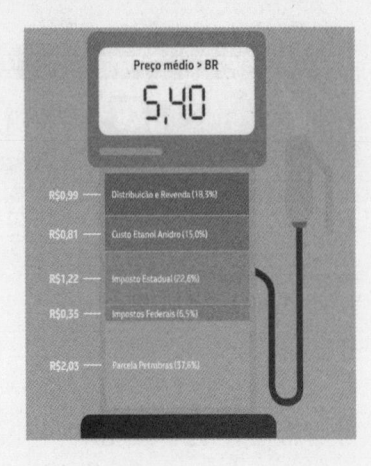

No entanto, apesar de o consumidor final ser afetado com a variação de preços dos combustíveis, a maior carga desses tributos quem recolhe são as **distribuidoras de combustíveis,** com exceção da CIDE-Combustíveis.

No *case* que será tratado neste capítulo, o cliente era uma distribuidora de combustíveis que questionava a legalidade e constitucionalidade do recolhimento majorado de contribuições de PIS e da COFINS sobre a distribuição de gasolina e do óleo diesel que revendia para os postos de gasolina, imposição essa que adveio de forma súbita por um decreto do Poder Executivo, de n.º 8.395/2015.

Importante esclarecer que, ao adquirir a gasolina da refinaria, as distribuidoras adicionam a ela o etanol anidro no percentual de 27%, por ser essa a exigência da Lei n.° 8.723/93. Com a mistura pronta, os distribuidores revendem a gasolina tipo "c" (já pronta para consumo) para os postos de combustíveis. Com relação ao diesel, as distribuidoras compram da refinaria o diesel tipo "A" e o misturam ao biodiesel, sendo esse um combustível renovável, o qual é oriundo de gorduras animais e óleos vegetais. Desta forma, o combustível final produzido é o óleo diesel "B", o qual será revendido aos postos.

Os impostos federais incidentes sobre esses combustíveis são CIDE, PIS/PASEP e COFINS.[1] Afora esta carga tributária, ainda há o recolhimento de ICMS, custo que irá variar de acordo com o Preço Médio Ponderado ao Consumidor Final (PMPF) de cada Estado.

Inicialmente, cumpre esclarecer que a tributação da gasolina e do óleo diesel, no que se refere às contribuições ao PIS/COFINS, é realizada de forma "monofásica", que significa dizer que apenas um contribuinte figura como responsável pelo recolhimento desses tributos por toda a cadeia de tributação (refinaria - distribuidora – postos – consumidor). Essa obrigação adveio da Lei n.º 9.990/2000, a qual repassou para as distribuidoras de combustíveis a obrigação de recolhimento completo do PIS/Pasep e da COFINS sobre os combustíveis.

Sabendo-se que a distribuidora era parte legítima, restava averiguar se a União Federal seria competente para majorar alíquotas de PIS/PASEP e da COFINS por meio de decreto.

Nesse contexto, temos então que a Lei n.º 10.865/2004, artigo 23, e a Lei n.º 10.833/2003, em seus artigos, tratavam expressamente da autorização do Poder Executivo para reduzir e restabelecer alíquotas das contribuições para o PIS/Pasep e da COFINS. Vejamos:

> *Lei n.º 10.865/04, Artigo 23:*
>
> *§ 5o Fica o Poder Executivo autorizado a fixar coeficientes para redução das alíquotas previstas neste artigo, os quais poderão ser alterados, para mais ou para menos, ou extintos, em relação aos produtos ou sua utilização, a qualquer tempo. (Vide Decreto n.º 5.059, de 2004.*

> *Lei n.º 10.833/2003, Artigo 53:*
>
> *Art. 53. Fica o Poder Executivo autorizado a fixar coeficientes para redução das alíquotas previstas no art. 51 desta Lei, os quais poderão ser alterados, a qualquer tempo, para mais ou para menos, em relação aos produtos, sua utilização ou sua destinação a pessoa jurídica enquadrada no regime especial instituído pelo art. 58-J desta Lei. (Redação dada pela Lei n.º 11.727, de 23 de junho de 2008).*

Após a leitura do texto do decreto questionado, de nº 8.395/2015, verificou-se que o Poder Executivo determinou a majoração do preço dos tributos (PIS/PASEP e COFINS) nos valores respectivamente de R$ 0,22 por litro para a gasolina, e R$ 0,15 para o diesel. Ocorre que o decreto foi assinado em 28 de janeiro de 2015, e entrou em vigor em 1º de fevereiro de 2015 para as tributações em comento:

> *Art. 3º Este Decreto entra em vigor:*
> *I - em relação ao* art. 1º*, em 1º de fevereiro de 2015; e*
> *II - em relação aos* art. 2º *e* art. 4º*, no primeiro dia do quarto mês subsequente ao de sua publicação.*
>
> *Art. 4 º-Fica revogado o 2012.* (Vigência)
> *Brasília, 28 de janeiro de 2015; 194º da Independência e 127º da República.*

Vê-se claramente que o cliente fora surpreendido, sendo-lhe exigida uma tributação majorada de PIS/PASEP e COFINS em menos **de 4 (quatro) dias de promulgada a legislação**. A atuação do Poder Executivo malferiu alguns princípios constitucionais tributários, quais sejam, o da **anterioridade nonagesimal**, o que de *per si* já transgrediu conjuntamente o princípio da **legalidade tributária**.

Decidiu-se então, sob consulta e autorização do cliente, propor uma ação ordinária de repetição de indébito tributário, fundamentando-a na inconstitucionalidade e ilegalidade da majoração da tributação da gasolina e do diesel que comercializava, por haver o decreto transgredido os princípios supracitados, anexando-se também os comprovantes de recolhimento dos tributos por meio de notas fiscais de compra (distribuidora-refinaria).

Sobre o tema, importante explanar que o princípio da anterioridade nonagesimal para exigência de pagamento das contribuições sociais encontra fundamento no artigo 195, §6º da Constituição Federal:

> *§ 6o – As contribuições sociais de que trata este artigo só poderão ser exigidas após decorridos noventa dias da data da publicação da lei que as houver instituído ou modificado, não se lhes aplicando o disposto no art. 150, III, " b".*

O princípio da anterioridade nonagesimal para as contribuições, pois, é de 90 dias, sendo este considerado um direito fundamental do contribuinte. No caso concreto, o cliente fora cobrado de forma majorada para as contribuições ao PIS/PASEP e COFINS, tendo arcado com esses custos com menos de 4 (quatro) dias da data de sua publicação, o que claramente afrontou o princípio constitucional em comento.

A situação também afrontou o princípio da legalidade tributária. O artigo 150, I, da Constituição Federal impõe uma verdadeira limitação ao poder de tributar do Fisco, sendo garantido ao contribuinte que a exigência ou aumento de tributo só poderá ser estabelecido por meio de lei, seguindo este mesmo posicionamento o artigo 97 do Código Tributário Nacional.

O caso foi posto à análise do Poder Judiciário, por meio do qual o seu direito à restituição fora reconhecido, no que concerne ao período de 90 dias de pagamento majorado, a contar da data da vigência da lei em diante. Assim, o contribuinte obteve autorização judicial para ser restituído do período de fevereiro a abril de 2015, lapso temporal em que recolheu tributação majorada de forma inconstitucional.

A Fazenda Nacional recorreu para a segunda instância, mas o recurso de apelação fora julgado improcedente pelo Tribunal Regional Federal competente. Atualmente, o Ente Público decidiu não recorrer acerca do mérito, e o processo segue para as instâncias superiores com discussão apenas de assuntos acessórios e procedimentais, restando incontroverso o direito de restituição do contribuinte.

No bojo do *case* ora explanado, descobriu-se primeiramente

que se fazia necessário avaliar se o cliente era parte legítima para requerer judicialmente a restituição do tributo; se o Ente era competente para exigir a cobrança; bem como se haveria realmente ilegalidade e/ou inconstitucionalidade da exação tributária. Fora necessário o auxílio de profissional da contabilidade para computar os valores das notas fiscais apresentadas pelo cliente, calculando-se o valor exato a restituir, bem como para que fossem explanadas as alíquotas que resultaram na majoração das contribuições, informação essa que constava no Decreto n.º 8.395/15 de forma completamente ininteligível. O processo fora instruído com os documentos indispensáveis à sua propositura, além de notas fiscais de compra dos produtos, planilha de restituição dos valores, embasamento em lei, jurisprudência e doutrina.

Nesse ponto, sempre é importante estudar primeiramente os direitos fundamentais do contribuinte, a fim de verificar se existe transgressão de algum princípio tributário. No caso, constatou-se que, apesar de o Poder Executivo possuir autorização para reduzir e estabelecer alíquotas de PIS/PASEP e COFINS, ou seja, de não ser necessário expressamente que essa majoração se dê por meio de lei, a atuação do Ente Público deveria estar adstrita aos limites constitucionais do poder de tributar delineados pela Constituição Federal. Tendo sido malferidos os princípios da anterioridade nonagesimal e da legalidade tributária, como resultado da exigência equivocada do Ente Público Federal, surgiu o direito de o cliente ser ressarcido dos tributos pagos indevidamente.

Por fim, a título de orientação geral para se conduzir um caso de forma eficiente, recomenda-se primeiramente que a(o) advogada(o) identifique a peça cabível, assim como qual será o procedimento mais útil e eficaz para o seu cliente. Poderá ser uma ação ordinária, mas terá riscos de sucumbência. Poderá ser um Mandado de Segurança, sabendo que o direito deve estar todo pré-constituído de forma documental, de modo que não seja necessária a realização de perícia técnica, caso contrário, o pleito poderá ser indeferido pelo juiz, por entender necessária a dilação probatória. É cabível também a propositura da tutela de urgência, para que depois seja emendada para ação ordinária. De qualquer forma, é de suma importância alertar o cliente dos riscos e benefícios de cada escolha.

É primordial estudar o cliente e o seu negócio. Ouvir os seus funcionários, para saber principalmente quais provas e argumentos poderão ser utilizados de forma eficaz no caso. Ademais, é fundamental que o patrono deva estudar o direito do cliente, por meio de legislação, doutrina e jurisprudência, para posteriormente redigir a peça de forma clara, concisa e objetiva.

Após o protocolo da peça e dos seus documentos, é essencial um acompanhamento fiel do processo, bem como que a(o) advogada(o) seja diligente ao requerer o constante impulsionamento das fases dos processos junto às varas competentes, conservando o diálogo com servidores, juízes, desembargadores e demais participantes do processo, sempre mantendo o cliente informado.

E o mais importante de tudo isso é não ter medo de ousar, de desafiar. Eu sempre gosto de quebrar o padrão da normalidade, do que é costumeiro de se fazer no Direito. Eu faço o inverso. Procuro caminhos diversos, tudo isso fazendo a minha interpretação da letra da lei, buscando meios de comprovar juridicamente que o meu cliente tem razão. É primordial que a colega advogada entenda que o juiz não está acima da lei, mas sim amarrado aos ditames dela. Seguindo esta argumentação, é essencial que a advogada saiba que ela está em pé de igualdade com os magistrados e membros do Ministério Público. É preciso internalizar isso para combater qualquer tipo de discriminação que venha a sofrer na vida profissional. Por fim, e não menos importante, é preciso sempre acreditar no seu imenso potencial em transformar a vida das pessoas ao seu redor, seja sarando angústias, trazendo sentimento de justiça, esperança e paz, ou até mesmo confortando alguém na derrota, sempre deixando claro que todo esforço foi feito para a solução de seus infortúnios.

Referências

ÁVILA, Márcio. **Tributação do petróleo: da exploração ao refino**. Cenários Petróleo. Brasil Energia. 6 de fev. de 2019. Disponível em: <https://cenariospetroleo.editorabrasilenergia.com.br/tributacao-do-petroleo-da-exploracao-ao-refino/>. Acesso em: 3 out. 2022.

BARRETO, Elis. **Preços e gasolina e diesel já superam os R$ 8 na maioria dos estados.** CNN Brasil. Disponível em: <https://www.cnnbrasil.com.br/business/precos-de-gasolina-e-diesel-ja-superam-os-r-8-na-maioria-dos-estados/>. Acesso em: 30 set. 2022.

BRASIL. Constituição [1988]. **Constituição da República Federativa do Brasil**. Brasília, DF: Senado, 1988.

BRASIL. Lei n.° 8.723/93. **Dispõe sobre a redução de emissão de poluentes por veículos automotores e dá outras providências**: promulgada em 28 de outubro de 1993.

BRASIL. Lei n.º 9.718/98. **Altera a Legislação Tributária Federal**: promulgada em 27 de novembro de 1998.

BRASIL. Lei n.º 9.099/2000. **Prorroga o período de transição previsto na Lei nº 9.478, de 6 de agosto de 1997, que dispõe sobre a política energética nacional, as atividades relativas ao monopólio do petróleo, institui o Conselho Nacional de Política Energética e a Agência Nacional do Petróleo, e dá outras providências, e altera dispositivos da Lei nº 9.718, de 27 de novembro de 1998, que altera a legislação tributária federal**: promulgada em 21 de julho de 2000.

BRASIL. Lei n.º 10.336/01. **Institui Contribuição de Intervenção no Domínio Econômico incidente sobre a importação e a comercialização de petróleo e seus derivados, gás natural e seus derivados, e álcool etílico combustível (Cide), e dá outras providências**: promulgada em 19 de dezembro de 2001.

BRASIL. Lei n.º 10.833/2003. **Altera a Legislação Tributária Federal e dá outras providências:** promulgada em 29 de dezembro de 2003.

BRASIL. Lei n.º 10.865/2004. **Dispõe sobre a Contribuição para os Programas de Integração Social e de Formação do Patrimônio do Servidor Público e a Contribuição para o Financiamento da Seguridade Social incidentes sobre a importação de bens e serviços e dá outras providências**: promulgada em 30 de abril de 2004.

BRASIL. Decreto n.º 8.395/15. **Altera o Decreto nº 5.059, de 30 de abril de 2004, que reduz as alíquotas da Contribuição para o PIS/PASEP e da COFINS incidentes sobre a importação e a comercialização de gasolina**: promulgada em 28 de janeiro de 2015.

BRASIL. Lei complementar n.º 192/2022. **Define os combustíveis sobre os quais incidirá uma única vez o Imposto sobre Operações Relativas à Circulação de Mercadorias e sobre Prestações de Serviços de Transporte Interestadual e Intermunicipal e de Comunicação (ICMS), ainda que as operações se iniciem no exterior; e dá outras providências**: promulgada em 11 de março de 2022.

CARVALHO, Paulo de Barros. **Curso de direito tributário** – 26. ed. São Paulo: Saraiva, 2014.

CARRAZZA, Roque Antonio. **Curso de direito constitucional tributário** – 30 ed. São Paulo: Malheiros, 2015.

FECOMBUSTIVEIS. **Tributação**. Disponível em: <https://www.fecombustiveis.org.br/tributacao >. Acesso em: 4 out. 2022.

PETROBRAS. **Como são formados os preços. Gasolina**. Disponível em: <https://precos.petrobras.com.br/sele%C3%A7%C3%A3o-de-estados-gasolina>. Acesso em 03 de out.de 2022.

OLENIKE, João Eloi. **Alta tributação sobre combustíveis: uma trava no desenvolvimento do país**. Revista Visão Hospitalar. Disponível em:< https://ibpt.com.br/alta-tributacao-sobre-combustiveis-uma-trava-no-desenvolvimento-do-pais/>. Acesso em: 3 out. 2022.

Uma jornada na área de contencioso tributário e seus casos desafiadores. O que é possível aprender para me superar profissionalmente?

Lívia Balbino Fonseca Silva

Mestre em Direito Tributário pela Pontifícia Universidade Católica de São Paulo (PUC-SP). Trabalha há 25 anos na área de contencioso tributário. É fundadora do escritório Sociedade de Advogados, que completou, em 2023, dez anos. O escritório atua na área de contencioso tributário (judicial e administrativo), realizando, ainda, trabalhos de consultoria processual tributária. Em razão de sua especialidade, o escritório visa formatar para os seus clientes soluções criativas, que auxiliam o desfecho, muitas vezes com sucesso, de uma discussão tributária.

"O conhecimento amplia a vida. Conhecer é viver uma realidade que a ignorância impede desfrutar." (Da sabedoria logosófica)

Parte 1 – A Trajetória

Desde pequena sempre fui muito inquieta em relação a tudo o que se refere à vida. Reconhecia que a vida não era apenas nascer, crescer, casar, ter filhos e morrer. Com certeza, havia mais.

Confesso que cursei a faculdade de Direito um pouco inspirada pelo meu pai, mas principalmente porque nunca tive um chamado, que dissesse: essa é a sua vocação. Além disso, a magia que tinha sobre mim o valor da justiça também me ajudou a escolher o Direito, como profissão.

Muito embora não entendesse ser o Direito a minha verdadeira vocação, em meu primeiro estágio, na área trabalhista, a sócia proprietária do escritório me disse: você leva muito jeito para o Direito. E ao longo do meu caminho fui percebendo que ela tinha razão.

Nesse sentido, a minha vocação – o meu talento – foi encontrada à medida que realizava a minha profissão.

E essa perspectiva diferente – encontrar a vocação enquanto

se realiza algo – me proporcionou gostar cada vez mais da advocacia. De fato, conforme fui realizando a minha profissão com gosto, as portas da minha mente e do meu coração foram se abrindo para tudo o que seria conquistado.

Em realidade, penso ter colocado em prática um ensinamento da logosofia, ciência que estudo e pratico há anos e que assim ensina: *Para resistir aos momentos de desgosto, de pesar, de aflição, de violência e de mal-estar,* **é necessário acostumar-se a fazer todas as coisas, até as menores, com verdadeiro gosto e jamais com desagrado.** Custando o mesmo trabalho, os resultados são opostos. Melhor dizendo: custa mais quando são feitas com desgosto, porque, neste caso, o trabalho se torna mais pesado. No que me diz respeito, **costumo fazer tudo com o maior prazer, como se, para cada coisa, extraísse de mim mesma o sumo da felicidade. Isso se deve a que não as faço friamente, como coisas sem vida, realizadas por obrigação e alheias a tudo o que me pertence.** Desse modo, **o que com tanto gosto faço aqui ou ali ganha vida, fala e se move, por lhe ter dado meu calor, minha vida e meus pensamentos**, experimentando, cada vez que o contemplo, a felicidade que emana de tudo o que se faz com prazer. (Da sabedoria logosófica.)

Posteriormente, iniciei um estágio na área tributária, especificamente do contencioso judicial tributário, em uma grande banca de advocacia, localizada em São Paulo.

Permaneci nesse escritório por 15 anos, o que me proporcionou muito aprendizado, já que, além de todos os casos interessantes e desafiadores em que trabalhava, tive a oportunidade de conviver com profissionais e clientes muito capacitados e que me ensinaram muito.

Contudo, ainda que eu fosse responsável por um cargo relevante e tivesse bastante autonomia, eu me questionava sobre o destino da minha profissão. Em resumo, não estava completa.

Precisava de algo diferente e iniciei uma busca para realizar uma mudança profissional em outro local, caso encontrasse algo desafiador e com uma proposta interessante.

Foi então que, em 2012, recebi um convite inesperado de uma cliente, que estava integrando um escritório, ainda em formação, sendo que precisavam de um sócio responsável pela área tributária. Aceitei imediatamente, mesmo sem alinhar muito bem as condições que seriam oferecidas.

A experiência, por motivos que não merecem ser abordados, durou exatamente um ano.

E muito embora a experiência tenha durado pouco tempo, durante o período em que permaneci nesse escritório pude provar a minha capacidade como advogada e, ao mesmo tempo, como empreendedora, pois o sucesso da minha área dependia basicamente de mim, já que era responsável quase que exclusivamente pela captação dos casos, além de atuar na parte técnica.

Após refletir sobre os prós e contras, em 2013, mesmo com certo frio na barriga e com a ajuda de um profissional que trabalhava comigo há anos, decidi montar o meu próprio escritório de advocacia que, ano passado, felizmente, comemorou dez anos de existência, com certeza, de muito sucesso.

A menina inquieta – bastante inspirada também pela veia empreendedora do meu pai, que é editor de livros e autodidata, assim como por minha mãe, que me inspirou a ser sempre melhor – finalmente encontrou o seu caminho, pois sabia que tinha nascido para ter o próprio negócio e ser responsável por ele e por seu êxito.

Parte 2 – Casos desafiadores

No decorrer desses dez anos tive a oportunidade de trabalhar com inúmeros casos desafiadores, uma vez que o escritório é uma banca com característica de *boutique*, que não trabalha com casos massificados (volume de processos).

Geralmente, os casos analisados demandam uma boa estratégia, o que também se impõe quando o escritório é contratado para emitir uma opinião legal sobre a estratégia processual tributária que pode ser adotada em um caso de outro escritório, por exemplo. Aliás, esse tipo de demanda é a em que mais gosto de atuar.

Nesse sentido, tenho a oportunidade de trabalhar com carinho e dedicação nos casos captados, sempre buscando o melhor resultado para os clientes do escritório.

Todos os profissionais do escritório também trabalham com muita seriedade e técnica, o que, por incrível que pareça, é um diferencial, já que não costumamos oferecer tudo o que é oferecido no mercado, caso não concordemos com o que está sendo vendido pelos demais colegas de profissão ou escritórios, ainda que renomados.

Além disso, percebemos que muitas vezes temos que apoiar nossos clientes em aspectos psicológicos, especialmente quando há situações que envolvam suas dificuldades financeiras para lidar com os pagamentos de impostos.

Um exemplo concreto desse ponto foi um caso que recebemos em nosso escritório, logo no início de nossa trajetória.

Um cliente, com diversas dívidas tributárias, havia literalmente fugido para outro Estado, achando que elas não o "encontrariam".

Ele nos foi indicado por um outro colega e chegou ao escritório totalmente desesperado. Após analisarmos a sua situação, concluímos que as dívidas deveriam ser pagas, ainda que mediante parcelamentos.

O cliente, então, prontamente se organizou para isso. Ou seja, não tinha mais como fugir de suas obrigações tributárias.

Contudo, em um certo momento, novas dívidas surgiram e ele entrou literalmente em pânico.

Acabei levando a ele uma frase da logosofia, que assim ensina:

> A vida não deve ser colocada dentro dos problemas, mas os problemas dentro da vida. (Da sabedoria logosófica.)

Imediatamente, ele me disse que aqueles pensamentos que estavam em sua mente foram totalmente dissipados.

Aprendi com essa experiência que a parte técnica pode ser importante, mas podemos colaborar em nossa profissão com uma parte talvez ainda mais relevante, que é a humana. Essa possibilidade pode ser uma chave muito importante em nosso sucesso profissional, mas, na verdade, é uma chave especial para a nossa vida. Podemos fazer a diferença na vida das pessoas não somente no campo profissional, mas também no campo humano.

Com relação especificamente à parte técnica, um outro caso se destaca.

Também no início de nossa trajetória, recebemos no escritório um caso que tratava de pedidos de restituição da contribuição ao PIS e da COFINS, decorrentes da exclusão do ICMS de suas bases de cálculo.

O cliente apresentou tais pedidos perante a Receita Federal – sem qualquer medida judicial prévia - bem antes do julgamento favorável aos contribuintes, firmado no RE n.º 574.706.

Tais pedidos, especialmente em razão do motivo em referência (discussão de tese tributária para a qual inexistia ação judicial favorável quando da apresentação dos requerimentos), foram considerados não declarados, o que significa que não foram aceitos pela Receita Federal de forma mais contundente, o que implicaria maiores dificuldades de serem discutidos na esfera administrativa, já que, contra as decisões proferidas, somente era cabível o denominado recurso hierárquico e não a defesa denominada manifestação de inconformidade. Esta última alternativa possibilita que a discussão chegue até o Conselho Administrativo de Recursos Fiscais (CARF). Nesse sentido, há uma maior chance de reforma, o que não ocorre no caso de recursos hierárquicos.

Pois bem. Contratados pelo cliente, ingressamos com a medida judicial requerendo a anulação de tais decisões administrativas, pois, no nosso entender, havia ilegalidades realizadas pela Receita Federal para não aceitá-los, já que, em suma, o Fisco não poderia ter considerado "não-formulados" os pedidos de restituição, tendo em vista que tais pedidos estavam de acordo com o disposto pela Instrução Normativa n.º 600/2005.

Em um primeiro momento, a sentença foi proferida de forma desfavorável, tendo o juiz reconhecido haver prescrição para ingresso da ação judicial, pois entendeu que o contribuinte teria pedido diretamente os créditos e não a nulidade das decisões administrativas proferidas. Entretanto, tal providência (nulidade) — que constava do pedido da ação — foi feita com base no artigo 169 do Código Tributário Nacional, o que foi ignorado pelo juiz competente.

Recorremos para o Tribunal Regional Federal do Distrito Federal, que, em um primeiro momento, negou provimento à nossa apelação. Nesse momento, o Relator era um juiz convocado e não a Desembargadora titular da Turma.

A decisão continha diversos equívocos, como datas erradas e detalhes não abordados, o que ensejou a interposição de um recurso denominado embargos de declaração, que visa justamente corrigir esses erros e pode ser recebido (eventualmente) com efeitos modificativos.

Esta fase processual é bastante delicada e difícil de se obter qualquer mudança de entendimento, na medida em que os embargos de declaração, em princípio, visam apenas esclarecer ou corrigir contradições, omissões, obscuridades e erros materiais na decisão anteriormente proferida.

Para que pudéssemos ter êxito com o julgamento dos embargos de declaração, traçamos uma estratégia com o cliente que envolvia obter um parecer de um processualista renomado e, também, a entrega de memoriais a serem despachados já então com a Desembargadora titular da Turma, que, pelo posicionamento em outros casos tributários acompanhados, percebemos que poderia acolher nossos argumentos.

Pessoalmente, estive em Brasília em diversos momentos – não só no julgamento dos embargos de declaração – e despachei os memoriais com a Desembargadora de forma a demonstrar que esse caso merecia uma decisão que modificasse o resultado da anterior. Ou seja, não era um recurso que visava o mero esclarecimento do conteúdo da decisão anteriormente proferida.

Ao acompanhar o julgamento do caso no dia, nossa alegria foi enorme, pois conseguimos obter a reversão do entendimento então proferido, tendo sido dado provimento a nossos embargos de declaração de forma a que o recurso de apelação fosse integralmente acolhido.

Ou seja, nossos embargos foram recebidos com efeitos modificativos, reconhecendo-se a nulidade das decisões administrativas proferidas, com o afastamento da alegação de prescrição.

O processo transitou em julgado no ano passado, com excelente resultado para nosso cliente. Por outro lado, nossa satisfação foi enorme, pois trabalhamos muito para que isso ocorresse.

Tais experiências proporcionam uma série de ensinamentos que abordaremos a seguir.

Parte 3 – Ensinamentos extraídos da prática da advocacia tributária

No nosso entendimento, o advogado precisa ser preciso e encontrar soluções e resultados satisfatórios a seus clientes. Na área de contencioso tributário, especialmente, o profissional deve estar sempre atualizado e, também, deve se aprofundar no estudo e nas pesquisas jurisprudenciais da matéria que está examinando.

Para isso, o profissional de contencioso tributário não pode desistir de suas discussões e deve ir até o fim, atuando sempre de forma criativa e encontrando soluções inteligentes.

Muitas vezes se obtém êxito em um caso em razão de um detalhe. Os detalhes são muito relevantes para a realização da boa advocacia de contencioso tributário. O sucesso, inclusive, muitas vezes não está no direito material, mas sim no direito processual, o que deve ser bastante levado em conta pelos profissionais de contencioso tributário.

Dessa forma, em razão da experiência até aqui adquirida penso que o profissional deve ter como base os seguintes elementos:

No campo profissional

- Busque ampliar o seu conhecimento;
- Cerque-se de profissionais que possam aumentar o seu conhecimento;
- Tem alguma dúvida? Procure a ajuda de quem mais sabe ou de quem lhe proporcionará excelentes discussões para encontrar a solução;
- Seja detalhista e criativo, não necessariamente realizando práticas que a maioria já utiliza. Lembre-se de que o sucesso de um caso pode estar nos detalhes;

- Possui alguma dificuldade para alcançar um resultado satisfatório? Não desista da discussão e vá até o final; conforme for, corrija o curso da trajetória do caso que cuida, caso seja necessário;
- Sempre busque despachar com os juízes responsáveis dos casos em que advoga. Em muitas situações um processo pode ter êxito por conta deste movimento.

No campo pessoal

- Observar as oportunidades profissionais como uma forma de evolução, também como ser humano;
- Procurar fazer tudo o que se propõe com alegria e gosto e como um motivo para adquirir algum conhecimento, quer seja técnico, quer seja útil para a própria vida;
- Colocar-se no lugar do cliente e sempre levar elementos de conciliação e ajuda;
- Inspirar confiança, à medida que realiza com seriedade o seu trabalho e, também, coloca-se à disposição do cliente.

Obviamente a conquista de tais características não é fácil e não necessariamente estão sempre presentes na execução do meu trabalho. O que aprendi advém muito dos erros incorridos, pois os erros são excelentes professores, quando conseguimos extrair o elemento que faltou para o acerto.

A advocacia tributária contenciosa pode proporcionar muitos momentos desafiadores e de muita alegria para o profissional que a ela se dedica. Basta experimentar. Fica, então, o convite!

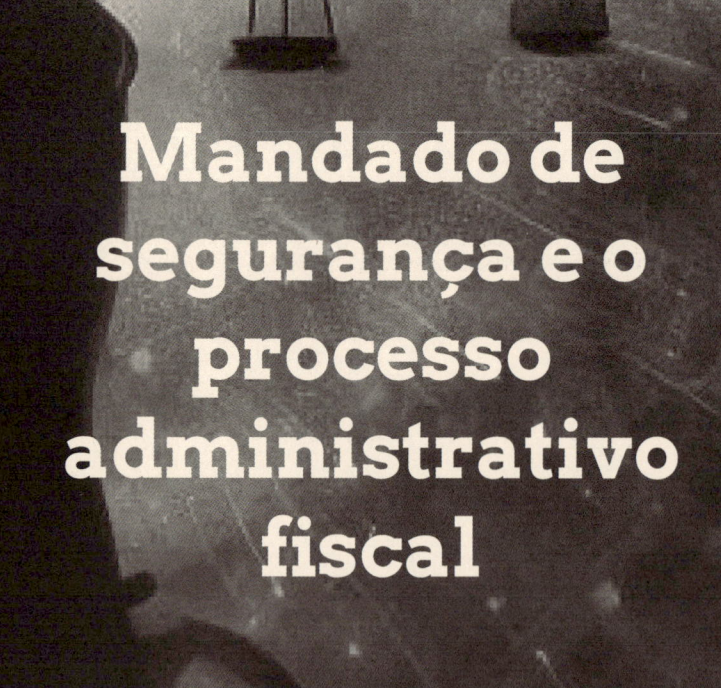

Mandado de segurança e o processo administrativo fiscal

LINKEDIN

Luciana Figueiredo Pires

Advogada e sócia titular do Escritório de Advocacia Luciana Figueiredo Pires Sociedade Individual de Advocacia. Especialista em Gestão Tributária Empresarial com ênfase em Contabilidade pela APET – Associação Paulista de Estudos Tributários. Pós-graduada em Direito Tributário pelo Damásio Educacional, Pós-graduanda em Inteligência Artificial e Alta Performance Jurídica pela PUC – Pontifícia Universidade Católica do Paraná. Formada há 20 anos na área jurídica empresarial e tributária, tendo como diferencial em seu escritório de advocacia a especialização e exclusividade do Direito Tributário Nacional, contencioso tributário administrativo e judicial, elaboração de pareceres jurídicos e opiniões legalizadas. Associada Ouro na ABAT – Associação Brasileira de Advogados Tributaristas. Com escritório de advocacia próprio há 18 anos, certificado pelo prêmio Top Of Quality Brazil 2021/2022, pela excelência na prestação dos serviços. Tax Lawyer. Certificada pelo Prêmio Internacional da Latin Quality American Institute – Lawyer of the Year 2022.

O objetivo deste capítulo é poder contribuir para o aprendizado e conhecimento de profissionais formados em Direito, os quais queiram atuar na área jurídica tributária, em especial, utilizando o mandado de segurança para que seja julgado o pedido de compensação de crédito tributário realizado no processo administrativo fiscal, que aguarda apreciação por mais de um ano.

Ao longo dos meus 20 anos de carreira, deparei-me com inúmeras situações, as quais muitas vezes em buscas e pesquisas realizadas não consegui encontrar forma(s) e solução(ões) na prática para contribuir com as empresas que me procuravam para assessorar na área jurídica fiscal.

Procurei atualizar-me, e descobri que poderia ajudar estas empresas na solução de seus problemas fiscais, os quais muitas vezes restaram prejudicados sem a devida assessoria jurídica pelo profissional especializado na área, no caso "advogado(a) tributarista".

Para melhor elucidação do capítulo a ser abordado, irei compartilhar com você(s) um caso ocorrido em meu escritório na prática, no qual obtive sucesso no resultado.

Fui contratada por uma empresa que havia solicitado através de seu contador o direito à compensação de créditos acumulados de ICMS (imposto sobre circulação de mercadorias e prestação de serviços) decorrentes de importações, tendo em vista a necessidade de utilizar estes créditos para poder quitar os seus débitos fiscais.

Referida empresa, portanto, é contribuinte inclusive na qualidade de importadora, e comercializa seus produtos em operações interestaduais nas quais em sua maioria tributadas à alíquota de 4%, e que não são suficientes para consumir o crédito de ICMS decorrente das demais aquisições no mercado interno, e ainda, referida empresa promove exportação de seus produtos a outros países, sendo na oportunidade detentora de crédito acumulado de ICMS, oriundo de importações.

Tomo a liberdade de esclarecer o significado do termo "crédito de ICMS", para melhor entendimento de quem está lendo este capítulo.

O que significa crédito de ICMS?

O crédito de ICMS resulta do direito de amortizar das respectivas notas fiscais de saídas o imposto pago na aquisição (nota fiscal de entrada) de produtos e mercadorias e serviços. O total do crédito "entrada" mais "saída" corresponde ao valor abatido do respectivo débito do imposto. Caso o crédito seja maior que o débito, denomina-se "crédito acumulado".

Na prática, o que ocorre é o seguinte: o Fisco (Estadual, Municipal) é credor e ao mesmo tempo devedor desta empresa contribuinte, ou seja, o Fisco cobra determinado imposto do contribuinte, mas, em contrapartida, este contribuinte é credor do Fisco, pois por conta de suas operações, tais como importações e exportações, esta empresa acumulou créditos de ICMS, que após a devida apuração contábil verificou-se que é possível pedir pela compensação ao invés de realizar o pagamento direto.

Ao fazer a contabilidade desta empresa, notou-se que possuía um crédito em seu favor, e, ao invés de realizar o pagamento dos impostos mensais, solicitou administrativamente a "compensação" destes créditos, para que fossem deduzidos no valor que a empresa contribuinte deve para o Fisco, com o crédito que demonstrou contabilmente ser detentora.

Este pedido de compensação é realizado de forma administrativa perante a Secretaria da Fazenda do Estado de São Paulo, denominado **"Pedido de Apropriação" – Solicitação de Crédito Acumulado,** no qual a empresa contribuinte informa ao Fisco o valor que possui de crédito tributário, no caso, crédito acumulado, para que este seja compensado com o(s) seu(s) débito fiscal.

No presente caso, o pedido administrativo foi realizado em 13/08/2020, sendo que até meados de fevereiro de 2022, ou seja, há mais de um ano e sete meses, sequer houve apreciação do pedido administrativo para compensação de crédito acumulado de ICMS.

Tendo em vista a demora na apreciação do pedido administrativo fiscal, e considerando que a empresa possui impostos a serem pagos mensalmente, o escritório de contabilidade desta empresa orientou a consultar um(a) advogado(a) especializado na área tributária para busca de uma solução judicial em caráter de urgência.

A partir de então, fui contratada em 18/03/2022, para apresentar a esta empresa a solução judicial para que seja urgentemente apreciado o pedido administrativo.

O que fazer?

Sugeri ao meu cliente entrar com medida judicial denominada "mandado de segurança com pedido de efeito suspensivo ativo" (liminar) contra o Delegado da Delegacia Regional Tributária de São Paulo, vinculado ao Estado de São Paulo, pois a empresa tem sede em São Paulo.

Para esta situação, é cabível o mandado de segurança, **não para pleitear a compensação** dos valores a que faz jus a empresa, mas para **declarar o direito** à **compensação** dos tributos pagos indevidamente.

Esclarece-se que é possível a utilização desta via mandamental em matéria de compensação de tributos objeto de lançamento por homologação, que está consolidado pela jurisprudência do Colendo Superior Tribunal de Justiça que a respeito editou a Súmula 213, *"in verbis"*:

> *"O mandado de segurança constitui ação adequada para declaração do direito à compensação tributária".*

Em 31/03/2022, distribuí o mencionado "mandado de segurança com pedido de efeito suspensivo ativo", sob os seguintes fundamentos jurídicos:

– Da Lei n.° 10.177/98

No tocante ao caso em tela, a Lei n.° 10.177, de 30 de dezembro de 1.998, na qual regula o processo administrativo no âmbito da Administração Pública, é clara ao dispor que:

> *"Art. 4° – A Administração Pública atuará em obediência aos princípios da legalidade, impessoalidade, moralidade, publicidade, razoabilidade, finalidade, interesse público e motivação dos atos administrativos."*

> *"Art.23 – É assegurado a qualquer pessoa, física ou jurídica, independentemente de pagamento, o direito de petição contra ilegalidade ou abuso de poder e para a defesa de direitos."*

E, ainda, aludido dispositivo legal, em seu artigo 18, deixa claro expressamente o prazo máximo de 60 (sessenta) dias para a prática de atos administrativos isolados, conforme se requer aqui no presente *"mandamus"*, senão vejamos *"verbis"*:

Do Prazo Para Produção de Atos

> *"Art.18 – Será de 60 (sessenta) dias, se outra não for a determinação legal, o prazo máximo para a prática de atos administrativos isolados que não exijam procedimento para sua prolação, ou para adoção, pela autoridade pública, de*

outras providências necessárias à aplicação de lei ou decisão administrativa.

Parágrafo único – O prazo fluirá a partir do momento em que, à vista das circunstâncias, tornar-se logicamente possível a produção do ato ou a adoção da medida, permitida prorrogação, quando cabível, mediante proposta justificada". (Grifos nossos.)

A Lei n.º 10.177/1998 prevê expressamente prazo para decisão de requerimentos, mesmo assim, a empresa contribuinte entende como razoável a duração do processo administrativo de até 360 dias para os processos administrativos, em respeito aos princípios constitucionais da **duração razoável do processo, celeridade e eficiência**.

A Constituição Federal, assegura aos contribuintes o direito à razoável duração dos seus processos, o que obriga a Administração Pública a concluir o exame dos pedidos submetidos à sua análise com celeridade.

Da Afronta à Constituição Federal

Da Violação dos Princípios da Duração Razoável do Processo e da Celeridade

No presente mandado de segurança, restou clara e inequívoca a afronta aos princípios ensejadores previstos na Constituição Federal, qual seja, princípio da duração razoável do processo, que assim dispõem *"verbis"*:

"Art. 5º Todos são iguais perante a lei, sem distinção de qualquer natureza, garantindo-se aos brasileiros e aos estrangeiros residentes no País a inviolabilidade do direito à vida, à liberdade, à igualdade, à segurança e à propriedade, nos termos seguintes: (...)

> LXXVIII – a todos, no âmbito judicial e administrativo, são assegurados a razoável duração do processo e os meios que garantam a celeridade de sua tramitação."

E, ainda, o Código de Processo Civil deixa claro que:

> "Art. 4º As partes têm o direito de obter em prazo razoável a solução integral do mérito, incluída a atividade satisfativa. (...)
>
> Art. 6º Todos os sujeitos do processo devem cooperar entre si para que se obtenha, em tempo razoável, decisão de mérito justa e efetiva. (...)
>
> Art. 8º Ao aplicar o ordenamento jurídico, o juiz atenderá aos fins sociais e às exigências do bem comum, resguardando e promovendo a dignidade da pessoa humana e observando a proporcionalidade, a razoabilidade, a legalidade, a publicidade e a eficiência."

A empresa contribuinte, denominada Impetrante no Mandado de Segurança, solicitou administrativamente o direito à homologação dos créditos tributários, a que faz jus, há mais de um ano e sete meses, sendo que tal requerimento encontra-se aguardando apreciação e análise para prosseguimento, permanecendo inerte tal processo administrativo até a presente.

Em outras palavras, no que diz respeito ao processo administrativo, não há qualquer justificativa para a demora na análise/apreciação do seu pedido de homologação do crédito tributário, deixando a administração pública de observar a duração razoável do processo e do princípio da eficiência.

Desta forma, para corroborar, a empresa pede "vênia" para colacionar ementas jurisprudenciais dos nossos Egrégios Tribunais, os quais pacificaram a matéria da seguinte maneira, senão vejamos:

> **"Processo administrativo – demora injustificada na análise – inobservância da duração razoável do processo e do princípio da eficiência:**
>
> *"1. A Administração Pública possui o dever de observância das*

prescrições legais, isto é, um verdadeiro dever de juridicidade no cometimento de suas mais diversas funções. Dessa forma, quando há inobservância dos deveres a ela impostos pela ordem jurídica, por certo, tem-se a inatividade do Estado.

2. A demora injustificada da Administração em decidir sobre o requerimento do impetrante contraria o direito à duração razoável do processo administrativo, art. 5°, inc. LXXVIII, da CF e o princípio da eficiência, art. 37 da CF." Acórdão 1225898, 07023339120198070018, Relator: ROMEU GONZAGA NEIVA, 7ª Turma

Cível, data de julgamento: 22/1/2020, publicado no DJE: 3/2/2020."

"Ação anulatória de débito fiscal – inexistência de norma específica de prazo prescricional – aplicação da isonomia – garantia do princípio da razoável duração do processo:

"1. Em virtude da limitação do âmbito espacial da lei ao plano federal, a prescrição intercorrente de processo administrativo prevista na Lei n.º 9.873/1999 não se aplica às ações punitivas promovidas por Estados e Municípios. Precedentes STJ.

2. À falta de prazo específico regulamentado, é razoável adotar por isonomia o prazo de 5 anos previsto no Decreto Federal nº 20.910/1932. 3. Deve ser reconhecida a ocorrência de prescrição intercorrente no caso em que o recurso administrativo interposto contra a multa aplicada aguardou decisão por cerca de 7 anos, sem que qualquer outra providência fosse tomada." Acórdão 1240815, 07036797720198070018, Relator: DIAULAS COSTA RIBEIRO, 8ª Turma

Cível, data de julgamento: 25/3/2020, publicado no PJe: 14/4/2020.

Habeas corpus – liberdade provisória por excesso de prazo – inocorrência de violação à razoável duração do processo:

"O Supremo Tribunal Federal firmou orientação no sentido de

que o "prazo razoável" do processo e o "excesso de prazo" da prisão preventiva não podem ser analisados abstratamente, com base em simples exercício aritmético ou de modo descontextualizado da lide penal em questão." Acórdão 988620, 20160020490458HBC, Relatora: ANA MARIA AMARANTE, 1ª Turma

Criminal, data de julgamento: 15/12/2016, publicado no DJE: 27/1/2017.

Emenda à inicial – descumprimento da ordem – violação aos princípios constitucionais da economia e da celeridade – observância da razoável duração do processo

"1. O descumprimento da ordem para emendar a peça de ingresso, deixando o autor de justificar eventual impossibilidade de fazê-lo ou discordância do entendimento judicial, enseja o indeferimento da vestibular, nos termos do art. 321, parágrafo único, do Código de Processo Civil. 2. A observância dos princípios da economia processual e da instrumentalidade das formas não se traduz na concessão de nova oportunidade de emenda quando desatendida a ordem anterior, culminando na extinção do processo sem resolução do mérito, o que não configura violação ao princípio da razoável duração do processo, insculpido no art. 5º, LXXVIII, da Constituição Federal." Acórdão 1223263, 07010802220198070001, Relator: MARIO-ZAM BELMIRO, 8ª Turma Cível, data de julgamento: 11/12/2019, publicado no PJe: 13/1/2020.

Ação anulatória de débito fiscal – morosidade injustificada para a conclusão do processo administrativo – violação ao princípio constitucional da razoável duração do processo

"5. A inércia injustificada e abusiva da Administração Pública na condução do processo administrativo deflagrador da penalidade, porquanto deixou transcorrer o prazo de 10 (dez) anos sem qualquer movimentação entre a apresentação do recurso e o seu julgamento, conduz à extinção do direito à pretensão sancionada da Fazenda pela ocorrência do fenômeno prescricional. 6. Outrossim, a demora injustificada da

Administração Pública na resolução do recurso apresentado no âmbito do contencioso administrativo viola os princípios constitucionais da eficiência, segurança jurídica e duração razoável do processo, o que, igualmente, justifica o encerramento da pretensão sancionatória da Fazenda." Acórdão 1233034, 07038122220198070018, Relator: ARQUIBALDO CARNEIRO PORTELA, 6ª Turma Cível, data de julgamento: 19/2/2020, publicado no PJe: 27/3/2020.

Da Violação ao Princípio da Eficiência

A administração estatal é regida por princípios fundamentais explícitos no artigo 37 da Constituição Federal. *"In verbis"*:

> *"Art. 37. A administração pública direta e indireta de qualquer dos Poderes da União, dos Estados, do Distrito Federal e dos Municípios obedecerá aos princípios de legalidade, impessoalidade, moralidade, publicidade e eficiência e, também, ao seguinte: (Redação dada pela Emenda Constitucional nº 19, de 1998)".*

Dentre os princípios supramencionados, cabe destacar o da Eficiência, que não é muito abordado nos dias atuais. Eficiência significa poder, capacidade de ser efetivo; efetividade, eficácia, agir com produtividade e competência. No âmbito da gestão pública é fundamental ser eficiente, pois os serviços públicos devem atender de maneira satisfatória a coletividade.

Nos dizeres de Celso Antônio Bandeira de Melo:

> *"Quanto ao princípio da eficiência, não há nada a dizer sobre ele. Trata-se, evidentemente, de algo mais do que desejável. Contudo, é juridicamente tão fluido e de tão difícil controle ao lume do Direito, que mais parece um simples adorno agregado ao art. 37 ou o extravasamento de uma aspiração dos que burilam no texto. De toda sorte, o fato é que tal princípio não pode ser concebido (entre nós nunca é demais fazer ressalvas óbvias) senão na intimidade do princípio da legalidade, pois jamais uma suposta busca de eficiência justificaria postergação daquele que é o dever administrativo por excelência.*

> *Finalmente, anote-se que este princípio da eficiência é uma faceta de um princípio mais amplo já superiormente tratado, de há muito, no Direito italiano: o princípio da 'boa administração'". (MELO, 2013, p.98).*

O princípio da eficiência implementou o modelo de administração pública gerencial voltada para um controle de resultados na atuação estatal, ou seja, a partir disso, os atos da administração devem ser realizados com a maior qualidade, competência e eficácia possível em prol da sociedade.

O princípio da eficiência é o mais recente dos princípios constitucionais da Administração Pública brasileira, tendo sido adotado a partir da promulgação da Emenda Constitucional nº 19, de 1998 – Reforma Administrativa.,

Quando se fala em eficiência na administração pública, significa que o gestor público deve gerir a coisa pública com efetividade, economicidade, transparência e moralidade visando cumprir as metas estabelecidas.

Segundo Maria Sylvia Zanella Di Pietro,

> *"o princípio apresenta-se sob dois aspectos, podendo tanto ser considerado em relação à forma de atuação do agente público, do qual se espera o melhor desempenho possível de suas atuações e atribuições, para lograr os melhores resultados, como também em relação ao modo racional de se organizar, estruturar, disciplinar a administração pública, e também com o intuito de alcance de resultados na prestação do serviço público" ... (Di Pietro, 2002, p. 83).*

A autora ainda acrescenta que "a eficiência é um princípio que se soma aos demais princípios impostos à administração, não podendo sobrepor-se a nenhum deles, especialmente ao da legalidade, sob pena de sérios riscos à segurança jurídica e ao próprio Estado de direito" ... (Di Pietro, 2002, p. 83).

Já Hely Lopes Meirelles fundamenta que o princípio da eficiência se caracteriza como:

> "o que se impõe a todo o agente público de realizar suas atribuições com presteza, perfeição e rendimento profissional. É o mais moderno princípio da função administrativa, que já não se contenta em ser desempenhada apenas com legalidade, exigindo resultados positivos para o serviço público e satisfatório atendimento das necessidades da comunidade e de seus membros", e acrescenta que "o dever da eficiência corresponde ao dever da boa administração" ... (Meirelles, 1996, p. 90).

A eficiência administrativa não é nem mais nem menos abstrata que a moral administrativa. Mesmo o princípio da legalidade possui fortes controvérsias em seu entendimento. Em todos os casos não existe um conceito legal que determine a *priori* seu sentido lógico ou jurídico.

Uma maneira de aumentar a eficiência dos atos estatais é através dos chamados controles externos e internos.

O controle externo da administração pública compreende primeiramente o controle parlamentar direto, o controle pelo Tribunal de Contas e por fim o controle jurisdicional. São órgãos externos que fiscalizam as ações da administração pública e o seu funcionamento. Já o controle interno é o realizado pelo próprio órgão que realizou o ato, todavia será revisto por autoridade superior conforme o princípio da hierarquia.

É importante observar que esses controles são fundamentais para garantir maior eficiência das atividades estatais com moralidade, transparência e principalmente publicidade, respeitando sempre a primazia da legalidade, pois todo ato administrativo está submetido ao princípio da legalidade.

Portanto, é imprescindível a concessão da medida liminar, ao menos até a entrega da prestação jurisdicional a ser dada no julgamento de mérito deste Mandado de Segurança, assegurando, assim, o resultado final da ação.

Caro leitor, o presente mandado de segurança foi distribuído perante a 12ª Vara da Fazenda Pública de São Paulo, sob n.º 1017222-33.2022.8.26.0053, sendo imediatamente concedida liminar pelo MM. Juiz Dr. Adriano Marcos Laroca, no qual peço *"vênia"* para transcrever trecho da decisão liminar:

"Vistos.

1. (...)

2. Primeiramente, sem pedido de justiça gratuita.

3. No que se refere à liminar pleiteada, é o caso de deferimento, pois à primeira vista, pela documentação, caracterizada a omissão administrativa na apreciação dos pedidos de ressarcimento/apropriação de ICMS, protocolados em 13 de agosto de 2020.

4. Nestes termos, defiro a liminar para que o impetrado aprecie no prazo máximo de quinze dias, sob as penas da lei.

5. Notifique-se a autoridade coatora para prestar informações em até 10 (dez) dias.

6. Cópia dessa decisão valerá como ofício e como mandado.

7. Intime-se, via portal eletrônico, a pessoa jurídica de direito público representante da autoridade apontada como coatora, a fim de que, querendo integre a lide como litisconsórcio passivo.

8. Oportunamente, abra-se vista dos autos ao Ministério Público.

A autoridade administrativa, assim que tomou ciência da liminar, imediatamente entrou em contato com o escritório de contabilidade solicitando informações complementares para poder apreciar o pedido administrativo.

Todos os esclarecimentos foram prestados pelo contador da empresa perante o agente fiscal, o qual prontamente homologou os créditos acumulados da empresa, procedendo com a devida compensação administrativa.

Por outro lado, no processo judicial a Fazenda Pública interpôs recurso de agravo de instrumento perante o Egrégio Tribunal de Justiça do Estado de São Paulo, onde por unanimidade "negaram provimento ao recurso" por votação unânime, no Acórdão proferido pela lavra do ilustre Desembargador Relator Dr. Eduardo Gouvêa, sob n.º 2022.0000594596, mantendo a decisão liminar do Juiz em Primeira Instância.

O processo administrativo encerrou-se com a homologação pelo Fisco dos créditos acumulados que a empresa possuía, com os seus débitos.

Quanto ao processo judicial, nota-se que há clara e inequívoca falha de comunicação, pois a Fazenda não informou que houve a perda do objeto do mandado de segurança, com a compensação realizada entre o crédito acumulado do contribuinte e a dívida tributária que este possuía com o Fisco.

No processo judicial o Juiz de primeira instância concedeu a segurança nos termos do artigo 487, I, do CPC, para determinar às autoridades impetradas que analisem, no prazo de 15 dias, o pedido de apropriação de créditos de ICMS. Sentença recorrida perante Tribunal de Justiça de São Paulo, sendo esta mantida e transitada em julgado.

E no processo administrativo, houve apreciação do pedido de apropriação do(s) referido(s) crédito(s), com a devida compensação dos mesmos.

Nunca desista de seus ideais, seja perseverante, pois você é capaz !

Terceiro setor – possíveis soluções tributárias

LINKEDIN

Maria Paula Farina Weidlich

Advogada tributarista, especialista em Direito Tributário pela UFRGS (2001/2002) e em Direito Internacional Econômico e da Integração pela Unisinos (1994/1995), coautora do livro "Imunidade Tributária" e autora da obra "Imunidade Tributária das Instituições Sem Fins Lucrativos", ambos publicados pela MP Editora-SP (verão 2005); membro instituidora da FUNDAÇÃO ESCOLA SUPERIOR DE DIREITO TRIBUTÁRIO- FESDT, integrante da Comissão Especial de Direito Tributário e da Comissão de Direito do Terceiro Setor da OAB/RS, conselheira da Comissão de Assuntos Tributários da Fecomercio-RS, conselheira do Conselho Administrativo de Recursos Fiscais-CARF (2011/2014).

Sem qualquer pretensão de esgotar o assunto, limitarei minha análise sob prisma estritamente jurídico-tributário a partir da minha vivência profissional como advogada tributarista, com ênfase à imunidade tributária subjetiva assegurada pela Constituição Federal de 1988 às instituições de **educação, saúde e assistência social.**

A falta de informação que permeia esse segmento e as boas soluções para meus clientes, estimularam-me a aprofundar meus estudos, que resultaram em dois livros sobre o tema da Imunidade Tributária, um como autora e outro como coautora, publicados pela MP Editora, em 2005. Brotou daí minha dedicação à defesa dessas entidades e me vi encantada por esse universo, carente de um olhar mais técnico.

Junto às Comissões especiais da OAB/RS, de Direito Tributário e de Direito do Terceiro Setor, temos acompanhado de perto as questões relevantes que afetam esse segmento, em especial a importante alteração promovida pela EC 132, publicada em 21 de dezembro de 2023, acerca da imunidade do ITCD, imposto sobre as doações feitas a instituições sem fins lucrativos, e entre elas próprias, incentivo que faltava para a colaboração da sociedade brasileira com essas entidades.

Poderia elencar aqui outras questões sobre esse tema que mereceriam uma análise mais profunda dos nossos congressistas, quando da aprovação às pressas dessa Emenda Constitucional, a exemplo das doações internacionais, contudo abstenho-me por ora de me manifestar sobre essa matéria, o que poderá ser objeto de uma futura análise após a aprovação das Leis Complementares.

Reconheço que o tema é instigante e, igualmente, estigmatizado. É que muitos desconhecem a atuação dessas entidades em prol do nosso desenvolvimento social, cultural e científico, situação que abarca também grande número de colegas que, assim, deixam de explorar tão magnífico campo de atuação, seja no consultivo, seja no contencioso.

Na definição legal, o Terceiro Setor – com as letras maiúsculas que merece – engloba todas as pessoas jurídicas de direito privado sem fins econômicos, enquanto o primeiro setor abrange as entidades públicas, o Estado, órgãos da Administração Direta, autarquias, fundações públicas, associações e empresas públicas e o segundo setor, as pessoas jurídicas privadas com fins econômicos, de acordo com as regras do Código Civil de 2002, Título II, Capítulo I.

Em seu legítimo exercício de cidadania, o Terceiro Setor reúne diversas siglas representativas das instituições privadas sem fins lucrativos, qualificadas como tal para prestar serviços de interesse público, a exemplo das Organizações Sociais (OSs), Organizações da Sociedade Civil (OSCs), Organizações da Sociedade Civil de Interesse Público (Oscip), e as demais que realizam suas atividades sem depender de recursos públicos. As Organizações Não-Governamentais (ONGs), embora não possuam natureza jurídica própria, podem ser qualificadas como OSCs para firmar acordos de parceria com o Poder Público.

Atualmente, as qualificações mais usuais e em crescimento exponencial são as conferidas pelo Poder Público às Organizações Sociais e Organizações da Sociedade Civil, desde que preencham os requisitos da Lei n.º 9.637/98, e, mais recentemente, da Lei n.º 13.019/14, conhecida como Marco Regulatório das Organizações da Sociedade Civil, por representar um grande avanço para que essas entidades aprovem projetos e firmem acordos de colaboração, o que lhes permite prestar serviços de qualidade com maior eficiência.

Importa considerar que todas essas instituições são privadas e constituem-se na forma de associações ou fundações, seguindo as normas estabelecidas no Código Civil Brasileiro de 2002, escolhendo a que melhor se molde aos seus objetivos sociais para a elaboração do Estatuto Social, importante documento de formalização.

A relevância desse segmento de atuação traduz-se mediante simples dados oficiais. De acordo com um estudo produzido pela Fundação Instituto de Pesquisas Econômicas – FIPE, as atividades do Terceiro Setor nas áreas de saúde, educação, entre outras, contribuíram com 4,27% do PIB brasileiro, correspondendo à impressionante cifra de R$ 423 bilhões em 2022, ao que se soma a geração de mais de 6 milhões de postos de trabalho no Brasil. (https://sitawi.net/wp-content/uploads/2023/03/miolo_terceirosetor-resumo-web2003.pdf).

Imunidade tributária

A imunidade tributária tem seu histórico e sede na norma constitucional. Já na Carta de 1946, esse direito é assegurado às instituições sem fins lucrativos, exatamente porque prestam serviços de interesse público em áreas essenciais ao Estado, e por ele não contemplados, como a educação, a saúde e a assistência social.

A Constituição de 1988 reforçou essa proteção, demonstrando a intenção do legislador em blindar tais instituições da carga tributária, dos impostos sobre o patrimônio, renda e serviços, artigo 150, IV, c, e das contribuições previstas no artigo 195, § 7º, isso para assegurar aos brasileiros direitos sociais como educação, saúde, alimentação, trabalho, moradia, lazer, segurança, previdência social e assistência aos desamparados, ínsitos nos artigos 6º, 203 e 205.

Portanto, as entidades que desenvolvem suas atividades nas mencionadas áreas, em caráter universal, *latu sensu*, têm direito à imunidade tributária porque prestam serviços em segmentos em que o Estado é, via de regra, hipossuficiente.

Imunidade tributária dos impostos

O artigo 150, VI, "c", da CRFB, determina que "é vedado à União, aos Estados e Municípios, instituir impostos sobre **patrimônio, renda ou serviços** dos partidos políticos, inclusive suas fundações, das entidades sindicais dos trabalhadores, das instituições de educação e de assistência social, sem fins lucrativos, atendidos os requisitos da lei".

Para usufruir da imunidade tributária, essas instituições precisam atender aos requisitos do artigo 14 do Código Tributário Nacional, dentre os quais destacamos a não distribuição de qualquer parcela de patrimônio ou renda e a aplicação, no país, das rendas auferidas com suas atividades, além da exigência de uma contabilidade revestida das formalidades legais.

Dentre os Impostos imunes, destacam-se:

1. **Imposto sobre Propriedade Territorial e Urbana**, inclusive na locação de bens, conforme Súmula 52 do STF: "Ainda quando alugado a terceiros, permanece imune ao IPTU o imóvel pertencente a qualquer das entidades referidas pelo art. 150, VI, c, da CF, desde que o valor dos aluguéis seja aplicado nas atividades para as quais tais entidades foram constituídas";

2. **Imposto de Renda e Imposto sobre Operações Financeiras**, sobre rendimentos em aplicações financeiras e ganhos de capital, com fundamento na ADI 1802, julgada pelo STF, que reconheceu a inconstitucionalidade dessa

exigência disposta no artigo 12, § 1º, da Lei n.º 9.532, de 10 de dezembro de 1997;

3. **IOF para as instituições mencionadas no artigo 150, VI, "c"** – a Suprema Corte reconheceu a Imunidade tributária ao julgar o RE 611510, Tema 328;

4. **ICMS na Importação**, a exemplo de equipamentos importados por entidade assistencial, vitais para suas atividades essenciais. (Agravo Regimental no RE 596.885);

5. **ICMS na venda de bens**, segundo tese consagrada nos ED no RE 210.251;

6. **Imposto sobre serviços**. Recentemente o STF, no RE 630790, Tema 336, reconheceu a imunidade tributária referente ao imposto de importação e ao imposto de produtos industrializados sobre papel para impressão de bíblias, entre outros bens, destinados às atividades assistenciais praticadas por uma associação religiosa.

Em todas essas operações, é de rigor que a renda auferida por essas entidades seja, por inteiro, revertida para suas atividades essenciais.

Entretanto, nas operações de consumo em que o ICMS pago é embutido no preço da mercadoria, infelizmente, o STF, ao julgar o RE 608872, Tema 342, em 2017, não reconheceu esse direito, ao fixar: "A imunidade tributária subjetiva aplica-se a seus beneficiários na posição de contribuinte de direito, mas não na de simples contribuinte de fato, sendo irrelevante para a verificação da existência do beneplácito constitucional a repercussão econômica do tributo envolvido". E, no caso do IPI, Súmula 591, RE 371.243, 01.02.2011: "A imunidade ou a isenção tributária do comprador não se estende ao produtor, contribuinte de imposto sobre produtos industrializados".

Os precedentes favoráveis, pelo seu caráter vinculante, embasam o direito de outras entidades, que cumprem com os requisitos do artigo 9º e 14 do CTN, buscar assegurar o direito à imunidade tributária dos impostos, inclusive a restituição dos pagamentos realizados a esse título nos cinco anos retroativos à ação.

Imunidade tributária das contribuições sociais após as decisões do STF – RE 566.622 E adi 4480

O artigo 195, § 7º da CF, dispõe: *"são isentas de contribuição à Seguridade Social as entidades beneficentes de assistência social, que atendam aos requisitos da lei."*

Por habitar norma constitucional e não lei ordinária, trata-se de imunidade e não de isenção, razão por que o termo "isentas" consiste em uma "atecnia" do legislador constituinte, reconhecida pela doutrina e jurisprudência pátrias.

Por força do entendimento do STF na ADI 2028, estendeu-se esse direito às entidades beneficentes de educação e de saúde.

Há décadas discute-se nos tribunais a constitucionalidade das leis ordinárias acerca dos requisitos exigidos para o reconhecimento do direito à imunidade tributária dessas instituições. Contudo, limito esta análise ao tema que vem preocupando a todos nós advogados e às próprias entidades, qual seja: a certificação destas a partir das decisões da Suprema Corte, em caráter definitivo, sob controle difuso, ao julgar o RE 566.622, e, sob controle concentrado, a ADI 4480, que reconheceram inconstitucionais, em especial, as contrapartidas exigidas a essas instituições pela Lei n.º 12.101, de 2009.

No *leading case* RE 566.622, o Pleno do STF, em 23/02/2017, assim definiu o Tema 32: "Os requisitos para o gozo de imunidade hão de estar previstos em lei complementar". Dado seu efeito vinculante, os juízes e os tribunais passaram a reconhecer o direito à imunidade das contribuições sociais, em especial à quota patronal e da contribuição ao PIS, que representam 21%

da folha de pagamento dessas instituições, bastando para tanto que comprovassem os requisitos previstos no artigo 9º e 14 do CTN, diploma legal recepcionado pela Constituição de 1988, como Lei Complementar.

Os Ministros da Suprema Corte, em sede de Embargos Declaratórios interpostos pela União no RE em comento, em 18/12/2019 conferiram nova redação ao Tema 32: "A lei complementar é forma exigível para a definição do modo beneficente de atuação das entidades de assistência social contempladas pelo art. 195, § 7º, da CF, <u>especialmente no que se refere à instituição de contrapartidas a serem por elas observadas</u>", considerando assim constitucional o artigo 55, II, da Lei n.º 8212, de 1991, que previa a certificação, anteriormente à Lei n.º 12.101, de 2009. (Sublinhou-se.) Não obstante, em 26 de março de 2020, ao finalizar o julgamento da ADI 4480, promovida pela Confederação Nacional de Ensino – CONFENEN, o Tribunal Pleno do STF deu-lhe parcial procedência para declarar a inconstitucionalidade formal de vários dispositivos da Lei n.º 12.101/2009 e Lei n.º 12.868/2013, nos termos do voto do Relator, Gilmar Mendes, com destaque aos que previam as contrapartidas e a inconstitucionalidade material do seu artigo 32, § 1º, que permitia à Receita Federal lavrar autos de infração de todo o período correspondente ao descumprimento dos requisitos legais exigidos por essa lei para certificação.

Esses precedentes provocaram um indesejado efeito cascata nas decisões antes favoráveis proferidas em primeira e segunda instâncias, que asseguravam a essas instituições o direito à imunidade das contribuições sociais, tanto em juízo de retratação como em ulterior julgamento favorável aos recursos da União.

Após isso, a fim de cumprir o requisito formal, o Congresso aprovou às pressas a Lei Complementar 187, publicada em 17 de dezembro de 2021, que praticamente repetiu todos os requisitos das leis anteriores, com vista a regular a certificação das entidades beneficentes.

Partindo-se, como é forçoso, do entendimento sufragado pela Suprema Corte, de que a emissão do CEBAS e a sua renovação ainda é exigível para assegurar às instituições beneficentes a imunidade das contribuições sociais previstas no artigo 195 e incisos, CF de 1988, elencam-se a seguir alguns caminhos alternativos:

As entidades que requereram a emissão ou renovação do CEBAS sob a égide da Lei n.º 12.101, de 2009, na hipótese de negativa dessa certificação por não comprovação das contrapartidas, devem recorrer dessa decisão, invocando os precedentes acima apontados, e, se necessário, ingressar em juízo para assegurar o direito à imunidade tributária, isto ao menos até a publicação da LC 187 (21.12.2021), ou melhor, até a regulamentação desse diploma legal.

A propósito, até a edição do Decreto 11.791, de 21.11.2023, quase dois anos após a edição da LC 187 de 2021, todos os certificados protocolados ficaram sem apreciação pelos Órgãos Administrativos dos Ministérios da Educação, da Saúde, do Desenvolvimento e da Assistência Social, o que se traduz em enorme insegurança jurídica a essas instituições.

As instituições que protocolaram o pedido do CEBAS ou a sua renovação após a publicação da LC 187, portanto, após 21.12.2021, no período em que inexistiu a regulamentação dessa lei a meu ver devem continuar com o direito assegurado à imunidade tributária.

Impõe-se uma análise casuística, com a adoção de medida judicial, inclusive para assegurar a apreciação do pedido de certificação, pelo Ministério competente, ultrapassado o período de um ano sem uma decisão.

Por reconhecer a imunidade tributária como cláusula pétrea, que sequer por Emenda Constitucional pode ser revogada, e em razão de essas entidades beneficentes, sem fins lucrativos, prestarem serviços essenciais ao cidadão brasileiro, nas áreas de educação, saúde e assistência social, entendo que a revisão do entendimento da Suprema Corte trouxe enorme desestímulo ao setor, ao condicionar um direito constitucionalmente assegurado à certificação de Órgãos Administrativos, definidos pelo Executivo Federal para sua apreciação.

Espera-se que o STF reveja essa matéria ao apreciar a ADI 7563 ajuizada, recentemente, pela CONFENEN, CEBRAF e PROFIS.

Não se olvide que somente o pleno direito à imunidade tributária, assegurado pela norma constitucional a essas instituições, terá o condão de permitir que cada uma delas persista e persevere no seu múnus público cuja essência é, em última análise, o exercício da cidadania, dificultado sobremaneira sem o desenvolvimento social e coletivo por elas promovido.

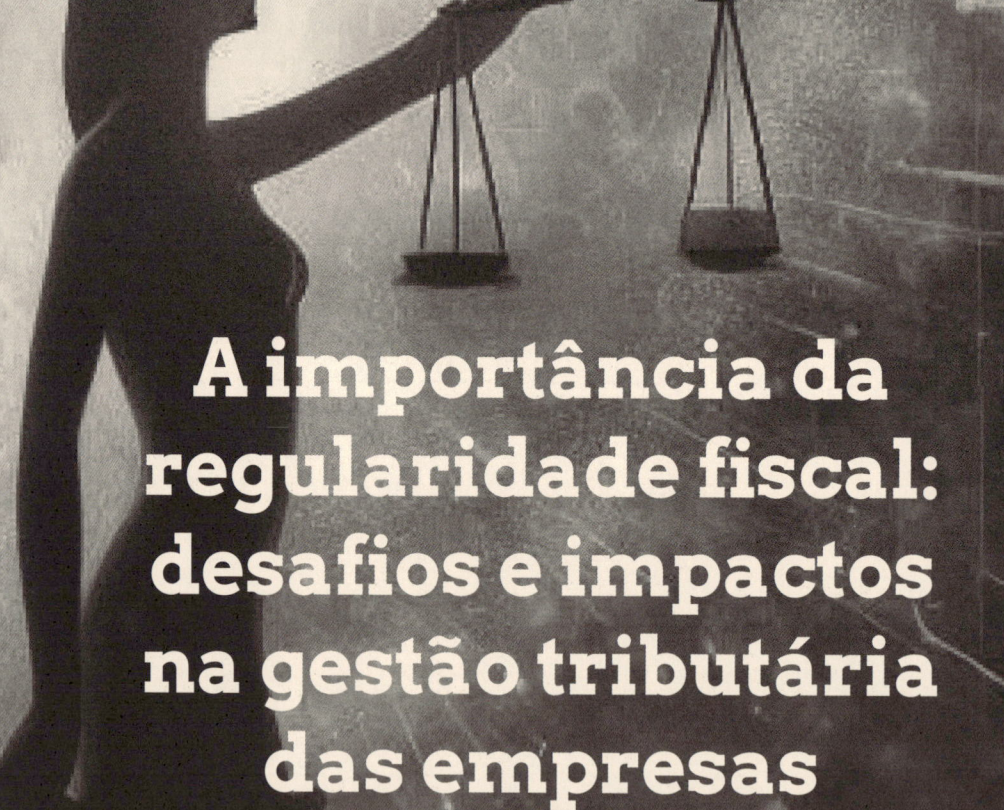

A importância da regularidade fiscal: desafios e impactos na gestão tributária das empresas

LINKEDIN

Renata Souza

Advogada e sócia do Escritório Marchiori, Sachet, Barros e Dias, Sociedade de Advogados, especialista em Direito Tributário pelo Instituto Brasileiro de Estudos Tributários (Ibet). Com formação executiva em Contabilidade pela Fundação Instituto de Pesquisas Contábeis, Atuariais e Financeiras (FIPECAFI), em Gestão e Liderança pela Ohio University/EUA, e em Liderança Feminina pela Nova School of Business and Economics, em Lisboa/Portugal. Com vasta experiência na área de assessoria e consultoria tributária, dedicada à gestão de tributos para a regularização fiscal de empresas. Participou de importantes projetos de *due diligence, M&A e compliance* para grandes corporações em diversos setores, como telecomunicações e varejo. Integrante do Programa CONFIA da Receita Federal dentre advogados e representantes de importantes companhias, com forte representação institucional de contribuintes perante todos os órgãos da administração pública.

Você sabia que as receitas administradas pela Receita Federal do Brasil em 2023 atingiram a quantia de R$ 2,086 trilhões? Isso representa um aumento de 3,91% em comparação a 2022. Por outro lado, a arrecadação de receitas administradas por outros órgãos atingiu R$ 107,599 bilhões.[1]

Esses números mostram a expressiva arrecadação e evidenciam a importância da gestão fiscal dos contribuintes, que se torna mais relevante a cada ano que passa.

O ato de cobrar tributos é exercido pelo Estado em razão do seu poder de arrecadação e de fiscalização no âmbito tributário, compreendendo a principal fonte de financiamento para o funcionamento do governo e a prestação de serviços públicos à população.

Discriminada pela Constituição Federal de 1988, a competência tributária da União, dos Estados, do Distrito Federal, dos Municípios para instituir, cobrar e fiscalizar os tributos é um dos pilares da soberania nacional.

O ilustre Sacha Calmon[2] define o poder de tributar como a seguir:

---

[1] Cf. Receita Federal do Brasil. Arrecadação federal alcança R$ 2,086 trilhões no acumulado de janeiro a novembro de 2023. Disponível em: https://www.gov.br/fazenda/pt-br/assuntos/noticias/2023/dezembro/arrecadacao-federal-alcanca-r-2-086-trilhoes-no-acumulado-de-janeiro-a-novembro-de-2023. Acesso em: 17 jan. 2024.
[2] CALMON, Sacha Navarro. Curso de Direito Tributário Brasileiro. 14. ed. Rio de Janeiro: Forense, 2020.

> "O poder de tributar, modernamente, é campo predileto de labor constituinte. A uma, porque o exercício da tributação é fundamental aos interesses do Estado, tanto para auferir as receitas necessárias à realização de seus fins, sempre crescentes, quanto para utilizar o tributo como instrumento extrafiscal, técnica em que o Estado intervencionista é pródigo."

E o Código Tributário Nacional traz também a autoridade do Estado de instituir e exigir os tributos em seus artigos 6º e 7º:

> Artigo 6º: define que, salvo disposição de lei em contrário, a legislação tributária vigente deverá ser aplicada aos fatos geradores ocorridos a partir do início da sua vigência.

> Artigo 7º: estabelece que a obrigação tributária principal surge com a ocorrência do fato gerador e tem por objeto o pagamento do tributo devido.

Esse poder inerente ao Estado permite que se exija o cumprimento das obrigações fiscais por parte dos contribuintes, instituindo, arrecadando e fiscalizando os tributos, e é por meio do exercício dessas funções que nasce a relação jurídico-tributária entre o Estado e o contribuinte.

A relação jurídico-tributária surge quando o contribuinte realiza o fato gerador previsto na lei e, em contrapartida, o Estado desempenha atividades com o propósito de exigir o pagamento dos tributos devidos.

Portanto, o exercício do poder de tributar do Estado é fundamental para a constituição legítima dessa relação, estabelecendo os direitos e os deveres tanto do Estado quanto dos contribuintes no que diz respeito à arrecadação dos tributos.

Para Ricardo Lodi Ribeiro, essa relação "é a ligação jurídica que se estabelece entre o Estado, na qualidade de sujeito ativo, e o contribuinte, na qualidade de sujeito passivo, em virtude do exercício da competência tributária. É uma relação de direito público, de natureza obrigacional, que tem como objeto o pagamento de tributos e o cumprimento de obrigações acessórias previstas na legislação tributária"[3].

Nesse contexto, é essencial que os contribuintes se mantenham regulares perante a autoridade fiscal, o que implica o cumprimento das obrigações tributárias, ou seja, o pagamento dos tributos devidos de acordo com a legislação e o atendimento das obrigações acessórias.

Hugo de Brito Machado nos enriquece com seu conceito de regularidade fiscal:

> "A regularidade fiscal é um princípio fundamental do Direito Tributário, cuja finalidade é assegurar uma relação justa entre o Estado e o contribuinte, garantindo o cumprimento das obrigações tributárias e a proteção dos direitos do contribuinte, mediante o respeito aos princípios constitucionais da legalidade, da segurança jurídica e da não confiscatoriedade.[4] "

A regularidade fiscal desempenha um papel essencial na relação justa e equilibrada entre os contribuintes e o Estado, atuando de forma preventiva ou repressiva na regularização de pendências tributárias. E o advogado tem um papel fundamental na prevenção de penalidades e outros impactos negativos.

Neste artigo, abordaremos os aspectos práticos e os procedimentos necessários para garantir a regularidade fiscal. É importante compreender tanto o embasamento legal como também as consequências de estar em situação irregular. Dessa forma, será possível tomar as medidas necessárias para manter-se em dia, algo de extrema importância para empresas e contribuintes individuais.

O instrumento utilizado pelo Estado para atestar a situação fiscal dos contribuintes, a fim de que possam exercer os seus

---

[3] RIBEIRO, Ricardo Lodi. Direito Tributário Esquematizado. São Paulo: Editora Saraiva, 2020.
[4] MACHADO, Hugo de Brito. Curso de Direito Tributário. 40. ed. São Paulo: Malheiros Editores, 2019.

direitos e as suas atividades livremente, é Certidão Tributária de Débitos, a qual informa se o contribuinte, sujeito passivo da relação obrigacional, encontra-se em dia ou não perante a administração pública.

A certificação da conformidade fiscal do contribuinte, para demonstrar a sua regularidade com as obrigações tributárias, encontra disciplina no Código Tributário Nacional, que traz em seus artigos 205 e 206 o instrumento da Certidão de Regularidade Fiscal, a saber:

> Art. 205. A lei poderá exigir que a prova da quitação de determinado tributo, quando exigível, seja feita por certidão negativa, expedida à vista de requerimento do interessado, que contenha todas as informações necessárias à identificação de sua pessoa, domicílio fiscal e ramo de negócio ou atividade e indique o período a que se refere o pedido.
>
> Parágrafo único. A certidão negativa será sempre expedida nos termos em que tenha sido requerida e será fornecida dentro de 10 (dez) dias da data da entrada do requerimento na repartição.
>
> Art. 206. Tem os mesmos efeitos previstos no artigo anterior a certidão de que conste a existência de créditos não vencidos, em curso de cobrança executiva em que tenha sido efetivada a penhora, ou cuja exigibilidade esteja suspensa.

Portanto, é a Certidão de Regularidade Fiscal que confirmará se o respectivo contribuinte encontra-se adimplente ou inadimplente com a União, os Estados, o DF e os Municípios e, assim, apto a exercer livremente a sua atividade econômica.

Nesse sentido, são três os tipos de certidão existentes no ordenamento jurídico brasileiro:

i) Certidão Positiva de Débitos;

ii) Certidão Negativa de Débitos; e,

iii) Certidão Positiva com Efeitos de Negativa de Débitos.

A Certidão Positiva de Débitos (CPD) comprova que o contribuinte em questão se encontra irregular por possuir débitos tributários ou de outra natureza, exigíveis, estando impedido de exercer os seus direitos e sujeito a diversos atos de constrição.

Por sua vez, a Certidão Negativa de Débitos (CND) é o exato oposto da certidão positiva, pois ela evidencia que o contribuinte está totalmente regular com as suas obrigações, inexistindo qualquer débito ou pendência passível de cobrança.

Em relação à Certidão Positiva com Efeitos de Negativa (CPEN), há muita confusão, especialmente quanto à existência e à exigibilidade de impedimentos, e a sua consequente concessão. A CPEN é emitida para aqueles contribuintes que possuem débitos, mas que por qualquer dos motivos elencados a seguir é reconhecida a sua regularidade.

Além da existência de créditos não vencidos ou em curso de cobrança executiva com penhora efetivada nos termos do art. 9º da Lei Federal n.º 6.830/1988, o art. 151 do Código Tributário Nacional traz as causas que suspendem a exigibilidade do crédito tributário (débito) e que justificam a emissão de CPEN:

> Art. 151. Suspendem a exigibilidade do crédito tributário:
>
> I – moratória;
>
> II – o depósito do seu montante integral;
>
> III – as reclamações e os recursos, nos termos das leis reguladoras do processo tributário administrativo;
>
> IV – a concessão de medida liminar em mandado de segurança.
>
> V – a concessão de medida liminar ou de tutela antecipada, em outras espécies de ação judicial;
>
> VI – o parcelamento.

E, tendo em vista que a legislação vigente no Brasil determina que a certidão é emitida com base na regularidade fiscal do contribuinte no momento da solicitação, os créditos tributários não vencidos na data não poderão impedir a liberação da CPEN.

Vale ressaltar que a apresentação de Certidão Negativa de Débitos ou uma Certidão Positiva com Efeitos de Negativa é indispensável em algumas operações, a exemplo dos Bancos e das Instituições Financeiras, públicas e privadas, que demandam a certidão regular como um dos requisitos para a aprovação de empréstimos e financiamentos.

Operações e reorganizações societárias requerem a comprovação da situação fiscal regular da empresa envolvida. Isso é necessário tanto para analisar o passivo tributário a ser assumido quanto para o planejamento fiscal adequado. Geralmente, esse processo envolve auditorias (*due diligence*), que atestam os valores e a viabilidade das operações. Esse procedimento também se aplica às empresas de capital aberto com ações negociadas na bolsa de valores.

Demonstrar a conformidade fiscal é essencial em todas as relações comerciais. No mercado, é uma prática comum exigir de prestadores de serviços a apresentação de suas certidões fiscais regulares como forma de evitar eventuais complicações durante a execução dos serviços devido a dívidas passadas e não pagas.

A Regularidade Fiscal também é fundamental para o financiamento e funcionamento dos serviços públicos, como saúde, segurança, educação, infraestrutura e assistência social. Empresas que recebem a delegação de fornecer esses serviços por meio de licitações públicas ou concessões devem comprovar que estão em dia com as suas obrigações fiscais, de acordo com a nova Lei de Licitações n.º 14.133/2021, em seus arts. 62, III, e 91, § 4º.

Em caso de irregularidade, as empresas podem ser desclassificadas nos processos licitatórios e sujeitas a penalidades, suspensão de recebíveis e até a interrupção dos serviços de interesse público, o que impacta diretamente toda a sociedade.

No entanto, a gestão da Regularidade Fiscal não se limita ao simples controle e emissão de certidões para comprovar a adimplência do contribuinte perante os órgãos competentes. Envolve também uma atuação que vai além do âmbito judicial.

E por que esse tema é tão importante?

A Regularidade Fiscal é um assunto recorrente no contexto empresarial. Muitas vezes, a identificação tardia de um débito tributário, mesmo que de pequeno valor, pode acarretar grandes prejuízos econômicos e financeiros para os contribuintes, para a administração pública e até mesmo para a sociedade.

Na atualidade, a gestão fiscal no Brasil enfrenta desafios significativos, como a falta de recursos humanos e tecnológicos, a complexidade e burocracia do sistema tributário brasileiro, a alta carga tributária e as inúmeras obrigações a serem cumpridas, além das constantes alterações na legislação e da falta de integração entre os órgãos governamentais.

Essa ausência de recursos dificulta o acesso a informações atualizadas e prejudica o processo de regularização de pendências fiscais, aumentando o risco de problemas com a administração pública. Por isso a importância do tema e de escolher um profissional preparado para executar uma boa gestão da regularidade fiscal.

Seu controle e acompanhamento são consideradas importantes ferramentas de *compliance* fiscal, permitindo o fiel cumprimento das leis tributárias, a gestão adequada dos tributos e a identificação e o mapeamento dos processos internos e externos em conformidade com as regras legais. Isso possibilita a mitigação dos riscos, a economia financeira e a geração de valor para as empresas.

Nesse sentido, é necessário adotar práticas para garantir

o cumprimento das obrigações tributárias, minimizar os riscos e proteger a saúde financeira e os direitos das empresas, destacando-se algumas medidas importantes para uma gestão eficiente da Regularidade Fiscal:

1. Organização e controle: manter um sistema organizado para controlar informações, documentos, comprovantes e certidões, além de estabelecer um cronograma para atividades essenciais;

2. Monitoramento constante da situação fiscal: realizar análises periódicas da situação fiscal da empresa para identificar pendências e garantir o cumprimento correto das obrigações tributárias;

3. *Compliance* Fiscal: Além de monitorar as obrigações, é fundamental estar em conformidade com a legislação fiscal, mantendo-se atualizado sobre as mudanças na legislação tributária e realizando análises técnicas tributárias para garantir a conformidade e evitar penalidades;

4. Mapeamento de soluções e orientações: buscar alternativas legais para solução de casos e a redução da carga tributária, considerando as particularidades do negócio, como a escolha de regimes fiscais mais vantajosos e a utilização de benefícios fiscais;

5. Regularização de pendências: após definições tomadas junto à empresa, inicia-se o processo de regularização das pendências, por meio de processos e recursos administrativos, acordos, pedidos de revisão, parcelamentos ou transações, e, se necessário, recorrer ao Poder Judiciário;

6. Revisão dos procedimentos: a gestão de Regularidade Fiscal permite também identificar falhas e recomendar revisões de processos e procedimentos para aprimorar a conformidade fiscal.

É essencial que o profissional esteja ciente e alinhado com a urgência e as necessidades específicas de cada empresa, sabendo que as atividades sugeridas podem variar de acordo com o contexto em que ela está inserida.

O movimento de novas normas reforça a necessidade de as empresas e seus advogados olharem para a Regularidade Fiscal e a consequente relação entre o Fisco e o contribuinte por um novo prisma. Um exemplo disso é o Programa de Conformidade Cooperativa Fiscal – CONFIA, instituído pela Receita Federal do Brasil em 2020, que tem como objetivo aprimorar de forma cooperativa o relacionamento e os processos de trabalho entre a RFB e os contribuintes, criando uma relação de confiança e incentivando a autorregularização. Projetos similares replicam no âmbito dos Estados e Municípios.

Sejam quais forem as alterações propostas por novas leis, a Regularidade Fiscal continuará sendo uma ferramenta importantíssima de gestão de tributos para manter os contribuintes em conformidade com a legislação fiscal, buscando a prevenção ou soluções de conflitos mais rápidas e mais acessíveis, garantindo o seu bom funcionamento e promovendo um ambiente menos divergente com o Fisco.

O poder de uma MENTORIA

uma aula na prática

Andréia Roma

Quem sou eu?

Sou a menina de oito anos que não tinha
dinheiro para comprar livros.

Existe um grande processo de ensinamento
em nossas vidas.
Alguém que não tinha condições financeiras
de comprar livros,
para alguém que publica livros e realiza
sonhos.

Sou a mulher que encontrou seu poder e
entendeu que podia auxiliar mais pessoas a
se descobrirem.

E você, quem é?
Qual o seu poder?

Entendi que com meu superpoder
posso transformar meu tempo.

Encontre seu poder.

"Este é um convite para você deixar sua marca. Um livro muda tudo!"

Andréia Roma

Direitos autorais:
respeito e ética em relação a ideias criadas

CERTIFICADO DE REGISTRO DE DIREITO AUTORAL

A Câmara Brasileira do Livro certifica que a obra intelectual descrita abaixo, encontra-se registrada nos termos e normas legais da Lei nº 9.610/1998 dos Direitos Autorais do Brasil. Conforme determinação legal, a obra aqui registrada não pode ser plagiada, utilizada, reproduzida ou divulgada sem a autorização de seu(s) autor(es).

Responsável pela Solicitação:
Editora Leader

Participante(s):
Andréia Roma (Coordenador)

Título:
Mulheres no direito tributário : cases na prática : edição poder de uma mentoria

Data do Registro:
24/04/2024 10:10:50

Hash da transação:
0x5e3c80c1ef701bcdeff5c6499f4a9047986ed1ff2ae89940b713e2b581837f91

Hash do documento:
bdbfb10f7dd78cdbe4aa6ac4392c76ca3ff6fbbccb56e2ed59422fc49bc07ac1

Compartilhe nas redes sociais

clique para acessar a versão online

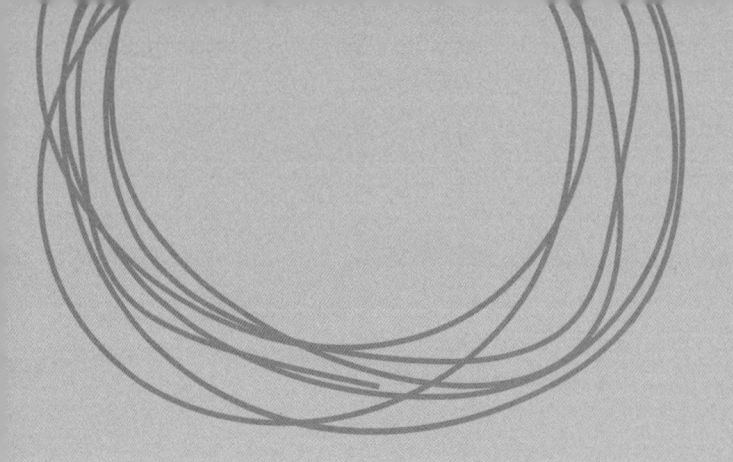

Os livros coletivos nesta
linha de histórias e
mentorias são um conceito
criado pela Editora Leader,
com propriedade intelectual
registrada e publicada,
desta forma, é proibida
a reprodução e cópia
para criação de outros
livros, a qualquer título,
lembrando que o nome do
livro é simplesmente um dos
requisitos que representam
o projeto como um todo,
sendo este garantido como
propriedade intelectual nos
moldes da LEI Nº 9.279, DE
14 DE MAIO DE 1996.

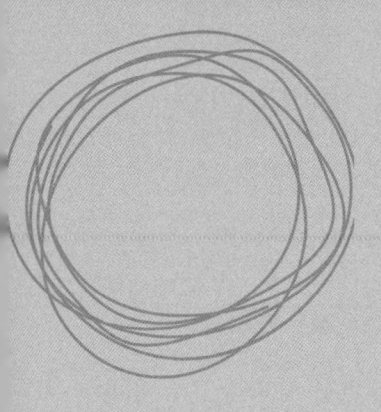

Exclusividade:

A Editora Leader tem como
viés a exclusividade de
livros publicados com volumes
em todas as temáticas
apresentadas, trabalhamos a
área dentro de cada setor
e segmento com roteiros
personalizados para cada
especificidade apresentada.

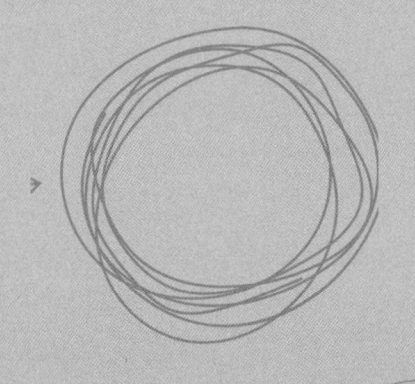

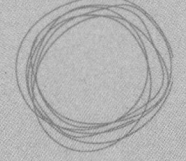

"Livros não mudam o mundo, quem muda o mundo são as pessoas. Os livros só mudam as pessoas."

Mário Quintana

"Somos o resultado dos livros que lemos, das viagens que fazemos e das pessoas que amamos".

Airton Ortiz

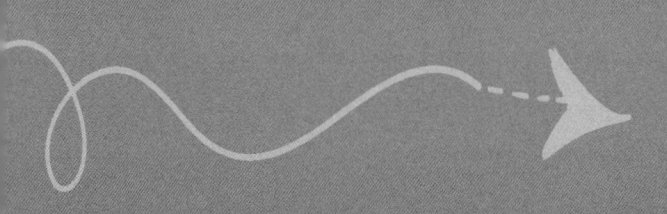

Olá, sou **Andréia Roma**, CEO da Editora Leader e Influenciadora Editorial.

Vamos transformar seus talentos e habilidades em uma aula prática.

Benefícios do apoio ao Selo Série Mulheres

Ao apoiar livros que fazem parte do Selo Editorial Série Mulheres, uma empresa pode obter vários benefícios, incluindo:

- **Fortalecimento da imagem de marca:** ao associar sua marca a iniciativas que promovem a equidade de gênero e a inclusão, a empresa demonstra seu compromisso com valores sociais e a responsabilidade corporativa. Isso pode melhorar a percepção do público em relação à empresa e fortalecer sua imagem de marca.

- **Diferenciação competitiva:** ao apoiar um projeto editorial exclusivo como o Selo Editorial Série Mulheres, a empresa se destaca de seus concorrentes, demonstrando seu compromisso em amplificar vozes femininas e promover a diversidade. Isso pode ajudar a empresa a se posicionar como líder e referência em sua indústria.

- **Acesso a um público engajado:** o Selo Editorial Série Mulheres já possui uma base de leitores e seguidores engajados que valoriza histórias e casos de mulheres. Ao patrocinar esses livros, a empresa tem a oportunidade de se conectar com esse público e aumentar seu alcance, ganhando visibilidade entre os apoiadores do projeto.

– **Impacto social positivo:** o patrocínio de livros que promovem a equidade de gênero e contam histórias inspiradoras de mulheres permite que a empresa faça parte de um movimento de mudança social positivo. Isso pode gerar um senso de propósito e orgulho entre os colaboradores e criar um impacto tangível na sociedade.

– *Networking* **e parcerias:** o envolvimento com o Selo Editorial Série Mulheres pode abrir portas para colaborações e parcerias com outras organizações e líderes que também apoiam a equidade de gênero. Isso pode criar oportunidades de *networking* valiosas e potencializar os esforços da empresa em direção à sustentabilidade e responsabilidade social.

É importante ressaltar que os benefícios podem variar de acordo com a estratégia e o público-alvo da empresa. Cada organização deve avaliar como o patrocínio desses livros se alinha aos seus valores, objetivos e necessidades específicas.

FAÇA PARTE DESTA HISTÓRIA
INSCREVA-SE

INICIAMOS UMA AÇÃO CHAMADA

MINHA EMPRESA ESTÁ COMPROMETIDA COM A CAUSA!

Nesta iniciativa escolhemos de cinco a dez empresas para apoiar esta causa.

SABIA QUE SUA EMPRESA PODE SER PATROCINADORA DA SÉRIE MULHERES, UMA COLEÇÃO INÉDITA DE LIVROS DIRECIONADOS A VÁRIAS ÁREAS E PROFISSÕES?

Uma organização que investe na diversidade, equidade e inclusão olha para o futuro e pratica no agora.

Para mais informações de como ser um patrocinador de um dos livros da Série Mulheres escreva para: **contato@editoraleader.com.br**

ou

Acesse o link e preencha sua ficha de inscrição

Nota da Coordenação Jurídica do Selo Editorial Série Mulheres® da Editora Leader

A Coordenação Jurídica da Série Mulheres®, dentro do Selo Editorial da Editora Leader, considera fundamental destacar um ponto crucial relacionado à originalidade e ao respeito pelas criações intelectuais deste selo editorial. Qualquer livro com um tema semelhante à Série Mulheres®, que apresente notável semelhança com nosso projeto, pode ser caracterizado como plágio, de acordo com as leis de direitos autorais vigentes.

A Editora Leader, por meio do Selo Editorial Série Mulheres®, se orgulha do pioneirismo e do árduo trabalho investido em cada uma de suas obras. Nossas escritoras convidadas dedicam tempo e esforço significativos para dar vida a histórias, lições, aprendizados, cases e metodologias únicas que ressoam e alcançam diversos públicos.

Portanto, solicitamos respeitosamente a todas as mulheres convidadas para participar de projetos diferentes da Série Mulheres® que examinem cuidadosamente a originalidade de suas criações antes de aceitar escrever para projetos semelhantes.

É de extrema importância preservar a integridade das obras e apoiar os valores de respeito e valorização que a Editora Leader tem defendido no mercado por meio de seu pioneirismo. Para manter nosso propósito, contamos com a total colaboração de todas as nossas coautoras convidadas.

Além disso, é relevante destacar que a palavra "Mulheres" fora do contexto de livros é de domínio público. No entanto, o que estamos enfatizando aqui é a responsabilidade de registrar o tema "Mulheres" com uma área específica, dessa forma, o nome "Mulheres" deixa de ser público.

Evitar o plágio e a cópia de projetos já existentes não apenas protege os direitos autorais, mas também promove a inovação e a diversidade no mundo das histórias e da literatura, em um selo editorial que dá voz à mulher, registrando suas histórias na literatura.

Agradecemos a compreensão de todas e todos, no compromisso de manter a ética e a integridade em nossa indústria criativa. Fiquem atentas.

Atenciosamente,

Adriana Nascimento e toda a Equipe da Editora Leader
Coordenação Jurídica do Selo Editorial Série Mulheres

ANDRÉIA ROMA
CEO DA EDITORA LEADER

REGISTRE seu legado

A Editora Leader é a única editora comportamental do meio editorial e nasceu com o propósito de inovar nesse ramo de atividade. Durante anos pesquisamos o mercado e diversos segmentos e nos decidimos pela área comportamental através desses estudos. Acreditamos que com nossa experiência podemos fazer da leitura algo relevante com uma linguagem simples e prática, de forma que nossos leitores possam ter um salto de desenvolvimento por meio dos ensinamentos práticos e teóricos que uma obra pode oferecer.

Atuando com muito sucesso no mercado editorial, estamos nos consolidando cada vez mais graças ao foco em ser a editora que mais favorece a publicação de novos escritores, sendo reconhecida também como referência na elaboração de projetos Educacionais e Corporativos. A Leader foi agraciada mais de três vezes em menos de três anos pelo RankBrasil – Recordes Brasileiros, com prêmios literários. Já realizamos o sonho de numerosos escritores de todo o Brasil, dando todo o suporte para publicação de suas obras. Mas não nos limitamos às fronteiras brasileiras e por isso também contamos com autores em Portugal, Canadá, Estados Unidos e divulgações de livros em mais de 60 países.

Publicamos todos os gêneros literários. O nosso compromisso é apoiar todos os novos escritores, sem distinção, a realizar o sonho de publicar seu livro, dando-lhes o apoio necessário para se destacarem não somente como grandes escritores, mas para que seus livros se tornem um dia verdadeiros *best-sellers*.

A Editora Leader abre as portas para autores que queiram divulgar a sua marca e conteúdo por meio de livros...

EMPODERE-SE
Escolha a categoria que deseja

■ Autor de sua obra

Para quem deseja publicar a sua obra, buscando uma colocação no mercado editorial, desde que tenha expertise sobre o assunto abordado e que seja aprovado pela equipe editorial da Editora Leader.

■ Autor Acadêmico

Ótima opção para quem deseja publicar seu trabalho acadêmico. A Editora Leader faz toda a estruturação do texto, adequando o material ao livro, visando sempre seu público e objetivos.

■ Coautor Convidado

Você pode ser um coautor em uma de nossas obras, nos mais variados segmentos do mercado profissional, e ter o reconhecimento na sua área de atuação, fazendo parte de uma equipe de profissionais que escrevem sobre suas experiências e eternizam suas histórias. A Leader convida-o a compartilhar seu conhecimento com um público-alvo direcionado, além de lançá-lo como coautor em uma obra de circulação nacional.

■ Transforme sua apostila em livro

Se você tem uma apostila que utiliza para cursos, palestras ou aulas, tem em suas mãos praticamente o original de um livro. A equipe da Editora Leader faz toda a preparação de texto, adequando o que já é um sucesso para o mercado editorial, com uma linguagem prática e acessível. Seu público será multiplicado.

■ Biografia Empresarial

Sua empresa faz história e a Editora Leader publica.

A Biografia Empresarial é um diferencial importante para fortalecer o relacionamento com o mercado. Oferecer ao cliente/leitor a história da empresa é uma maneira ímpar de evidenciar os valores da companhia e divulgar a marca.

■ Grupo de Coautores

Já pensou em reunir um grupo de coautores dentro do seu segmento e convidá-los a dividir suas experiências e deixar seu legado em um livro? A Editora Leader oferece todo o suporte e direciona o trabalho para que o livro seja lançado e alcance o público certo, tornando-se sucesso no mercado editorial. Você pode ser o organizador da obra. Apresente sua ideia.

A Editora Leader transforma seu conteúdo e sua autoridade em livros.

OPORTUNIDADE
Seu legado começa aqui!

A Editora Leader, decidida a mudar o mercado e quebrar crenças no meio editorial, abre suas portas para os novos autores brasileiros, em concordância com sua missão, que é a descoberta de talentos no mercado.

NOSSA MISSÃO

Comprometimento com o resultado, excelência na prestação de serviços, ética, respeito e a busca constante da melhoria das relações humanas com o mundo corporativo e educacional. Oferecemos aos nossos autores a garantia de serviços com qualidade, compromisso e confiabilidade.

Publique com a Leader

- **PLANEJAMENTO** e estruturação de cada projeto, criando uma **ESTRATÉGIA** de **MARKETING** para cada segmento;

- **MENTORIA EDITORIAL** para todos os autores, com dicas e estratégias para construir seu livro do Zero. Pesquisamos o propósito e a resposta que o autor quer levar ao leitor final, estruturando essa comunicação na escrita e orientando sobre os melhores caminhos para isso. Somente na **LEADER** a **MENTORIA EDITORIAL** é realizada diretamente com a editora chefe, pois o foco é ser acessível e dirimir todas as dúvidas do autor com quem faz na prática!

- **SUPORTE PARA O AUTOR** em sessões de videoconferência com **METODOLOGIA DIFERENCIADA** da **EDITORA LEADER**;

- **DISTRIBUIÇÃO** em todo o Brasil — parceria com as melhores livrarias;

- **PROFISSIONAIS QUALIFICADOS** e comprometidos com o autor;

- **SEGMENTOS:** Coaching | Constelação | Liderança | Gestão de Pessoas | Empreendedorismo | Direito | Psicologia Positiva | Marketing | Biografia | Psicologia | entre outros.

www.editoraleader.com.br

Entre em contato e vamos conversar

Nossos canais:

Site: www.editoraleader.com.br

E-mail: contato@editoraleader.com.br

◉ @editoraleader

O seu projeto pode ser o próximo.

ANOTAÇÕES

ANOTAÇÕES

ANOTAÇÕES

ANOTAÇÕES

ANOTAÇÕES

ANOTAÇÕES

ANOTAÇÕES

ANOTAÇÕES

ANOTAÇÕES

ANOTAÇÕES

EDITORA LEADER